LA DYNAMIQUE DU CAPITALISME

DU MÊME AUTEUR
DANS LA MÊME COLLECTION

Écrits sur l'histoire I.
Écrits sur l'histoire II.
Grammaire des civilisations.
L'Identité de la France.
La Méditerranée.
Le Modèle italien.

Fernand Braudel

LA DYNAMIQUE DU CAPITALISME

Précédé d'un entretien avec
Pierre-Noël Giraud

Champs histoire

ISBN : 978-2-0814-2843-0

Cinq questions à Pierre-Noël Giraud

Comment avez-vous découvert* La Dynamique du capitalisme *? Quels souvenirs avez-vous de votre première lecture ?

J'ai lu *La Dynamique du capitalisme* juste après *Civilisation matérielle, économie et capitalisme, XVe-XVIIIe siècle*, dont il constitue une magistrale synthèse. C'est, avec *Les Mots et les Choses* de Foucault, le livre qui a ouvert les yeux du jeune homme que j'étais sur notre modernité.

> **« Ce livre a ouvert les yeux du jeune homme que j'étais sur notre modernité. »**

Au-delà de Marx et de Freud, tous deux proposaient, de façon lumineuse, une théorie des sources, de la dynamique et des ruptures de l'économie pour l'un, des épistémès et donc de la pensée pour l'autre. Foucault assumait ainsi le projet que Lucien Febvre, au grand regret de Fernand Braudel, n'avait pu mener à bien. Fondateur avec Marc Bloch de l'école des Annales, maître de Braudel et celui qui lui avait commandé *Civilisation matérielle, économie et capitalisme*, Lucien Febvre projetait en effet le livre qui aurait complété cette histoire longue de l'économie et de l'État : une histoire longue des mentalités.

Pourquoi, selon vous, est-ce une œuvre si marquante ?

L'immense talent, pour ne pas dire le génie de Braudel, fut d'introduire, de façon à mon avis encore indépassable, le temps et l'espace, et plus précisément « les » temps et « les » espaces, dans l'économie.

> **« Le génie de Braudel fut d'introduire le temps et l'espace dans l'économie. »**

Dans ce livre, Braudel expose ses concepts fondamentaux et en déroule sous nos yeux fascinés les implacables dynamiques croisées. En autant de chapitres lumineux, il propose trois hiérarchies, en forme de tripartitions, dont les rapports et le tressage rendent lisible l'histoire longue de l'économie des quatre siècles, du XVe au XVIIIe, qui ont fait la modernité, non seulement en Europe mais dans le monde.

Voici ces trois « tripartitions » braudéliennes : civilisation matérielle / économies de marchés / capitalisme, dont Braudel donne une définition originale : c'est la couche supérieure des activités économiques, là où règnent les monopoles, le entreprises risquées et les gros profits, la connivence avec les États ; dynasties marchandes / hiérarchies du statut / pouvoir étatique surplombant, des princes aux empereurs, par quoi Braudel explique le « destin singulier de l'Europe » ; ville-centre / archipel de villes-relais semi-périphériques / hinterlands, qui structure son éblouissante description de l'oscillation des villes-centres européennes, entre sa Méditerranée bien-aimée et l'Europe du Nord : Venise, Anvers, Gênes, Amsterdam, Londres. Le lecteur découvrira dans les pages qui suivent les imbrications et articulations de ces concepts, qui éclairent magistralement l'histoire longue de l'économie du monde.

En quoi la pensée de Fernand Braudel est-elle toujours d'actualité ?

On ne peut, à la lecture de ce livre, qu'être frappé de la puissance analytique que conservent aujourd'hui les concepts braudéliens.

Prenez le débat sur la finance globalisée. Pour ses détracteurs, c'est la pointe extrême du « capitalisme » à la Braudel. Elle est constituée de banques globales où se concentrent des sur-profits exorbitants raflés sur des marchés financiers inutiles et purement spéculatifs. Une industrie qui, selon ses détracteurs, serait devenue virtuelle et prédatrice, alors qu'elle est censée être au service de l'« économie réelle », c'est-à-dire de l'économie de marché et de ce qui subsiste encore largement de civilisation matérielle, en particulier en Afrique ou en Asie du Sud.

Ce débat a donné lieu selon moi à des interprétations erronées du concept braudélien de capitalisme. Elles consistent à affirmer que l'économie de marché pourrait se passer du capitalisme, par essence « parasitaire », tout en gardant les avantages de la saine concurrence « à la Adam Smith » qui la caractérise, jusqu'à en faire un programme politique : « le marché, oui, mais sans le capitalisme ! »

« L'économie de marché porte en elle la finance comme la nuée porte l'orage. »

Dans son analyse historique, Braudel montre cependant bien qu'il s'agit là d'une utopie. L'économie de marché porte en elle la finance comme la nuée porte l'orage. Pas d'échanges sans monnaie, pas de monnaie sans finance, pas de finance sans spéculation. Bref, pas d'économie de marché sans un capitalisme habile et mobile qui capte l'essentiel de son surplus. L'enjeu est donc bien de « réguler le capitalisme » et non de tenter de l'abolir tout en conservant les vertus des marchés. C'est un débat fort actuel.

Un débat qui pose aussitôt la question des hiérarchies sociales et du pouvoir étatique. Qu'en est-il aujourd'hui ? Le capitalisme globalisé apparaît sans contre-pouvoir, sauf en Chine où le parti le dirige. Les États ne protègent plus leurs populations contre les dégâts de la concurrence globalisée. Bien au contraire, ils laissent se concentrer très inégalement les profits de la mondialisation, quand ils n'y contribuent pas directement par des réductions d'impôts.

Cette vacance du pouvoir d'État, la croissance du nombre de ceux que j'ai appelés les « hommes inutiles », à savoir les hommes rendus économiquement inutiles à eux-mêmes et aux autres, « l'errance » des conflits économiques primaires qui en résultent, constituent, avec des migrations nécessaires mais mal intégrées, les deux causes premières, se renforçant l'une l'autre, des mouvements populistes [1]. Dans de nombreux pays, ces derniers mettent en cause les formes antérieures de la démocratie. Braudel s'invite ainsi dans le débat sur les moyens et l'opportunité de brider certains aspects de ce capitalisme global, en renforçant le pouvoir des États.

Quand Braudel écrit, dans les années 1970, il existe trois économies-monde (au sens où Braudel l'entend, c'est-à-dire des espaces qui ont peu de relations économiques entre eux) : la soviétique, la chinoise et l'européenne, étendue au reste du monde. Aujourd'hui, une question se pose : depuis que le bloc soviétique s'est

1. *L'Homme inutile. Une économie politique du populisme*, Odile Jacob, Paris, 2015 ; rééd. en poche, 2018.

effondré et que la Chine est devenue « l'atelier du monde », n'y en a-t-il plus qu'une seule ? Ou bien celle de la Chine conserve-t-elle encore des spécificités suffisantes, en particulier dans ses rapports entre le capitalisme et l'État, qui justifieraient de la considérer comme une économie-monde distincte, même si elle est en interaction très intense avec l'autre ?

Ne sommes-nous pas plutôt en présence de deux « modèles » de capitalisme concurrents pour l'hégémonie globale ? Il y aurait d'un côté le « capitalisme dirigé » à la chinoise – un modèle en cours de globalisation grâce aux excédents commerciaux thésaurisés –, et de l'autre le « capitalisme libéral », un capitalisme de firmes et de banques globales, grands acteurs « nomades » qui soumettent à une concurrence acharnée les économies de marchés « sédentaires » de chaque territoire. Ces modèles vont-ils se métisser et fusionner, ouvrant la question d'une ville-centre unique ?

> **« N'est-ce pas la structure géographique même du monde actuel que nous décrit Braudel ? »**

Pour Braudel, New York était en 1970 la ville-centre incontestée de l'économie-monde d'origine européenne – et désormais globale, à la Chine et à l'URSS près. Nous sommes aujourd'hui dans une situation tripolaire, qui selon Braudel pourrait n'être que transitoire. Les centres sont : la côte est des États-Unis – toujours New York mais aussi Boston –, la Californie, et la côte est de la Chine, ce troisième

pôle faisant concurrence aux deux premiers. L'Europe ne possède malheureusement que des centres secondaires, dont Londres, Francfort, Paris et toujours Amsterdam, par exemple.
Mais au-delà de la question de la circulation de la ville-centre, comment ne pas être frappé par la description que nous propose Braudel des économies-monde du XVe au XVIIIe siècle en Europe ? N'est-ce pas la structure géographique même du monde actuel qu'il nous décrit ?
Qu'on en juge : une ville-centre concentrant les activités capitalistes, y compris aujourd'hui les grandes universités et la recherche, entourée d'un archipel de villes-relais de moindre importance où fait rage la concurrence de l'économie de marché, ce réseau centré étant plongé dans un hinterland, sinon de « civilisation matérielle », du moins d'économie sédentaire et de secteur informel. Un hinterland fait de banlieues lointaines et de territoires ruraux délaissés en Europe ; ou bien un hinterland qui s'immisce dans les quartiers bourgeois de la ville-centre, avec des bidonvilles implantés au sein même des grandes métropoles comme en Asie du Sud, ou posés sur leurs toits et dans les cimetières comme au Caire, ou encore accrochés aux reliefs glissants ou aux zones inondables des « favelas » en Amérique du Sud…

« Toute explication des dynamiques inégalitaires ne peut que prendre en compte les outils d'analyse que nous a légués Braudel. »

Enfin Braudel s'invite dans le débat qui enfle sur les inégalités engendrées par les globalisations et la numérisation du monde. De ces inégalités, certaines sont croissantes : les inégalités internes aux pays riches et émergents. Par exemple entre acteurs « nomades » et acteurs « sédentaires » – pour employer les concepts qui m'ont été directement inspirés par Braudel. D'autres inégalités se réduisent, comme en témoigne le rattrapage par l'Asie des pays riches de l'OCDE. Braudel nous dévoile les structures les plus profondes de cette double dynamique : les différences de temporalité et les effets d'agglomération.
Les analyses quantifiées de la dynamique des inégalités abondent aujourd'hui, avec les travaux empiriques et les thèses d'Atkinson, Piketty, Milanovic et de bien d'autres chercheurs, dont moi-même. Beaucoup coopèrent désormais à l'entretien, à l'extension et à la mise à disposition du grand public d'une très grande base de données : la World Wealth and Income Database [1]. Cependant le débat reste très ouvert sur les causes de ces dynamiques inégalitaires. Selon moi, toute explication ne peut que prendre en compte les outils d'analyse et les questions que nous a légués Braudel.

1. World Wealth and Income Database (WID) : http://wid.world/fr/accueil.

Ce livre a-t-il influencé votre propre travail ?

Après une formation d'ingénieur, fort utile à un économiste qui veut comprendre ce dont il parle, je voulais faire de la recherche en sciences sociales. C'est la lecture de Braudel qui m'a convaincu de faire de l'économie. Mais au sens où lui l'entendait : celui d'une science historique.

Il m'a donné le désir de m'attacher au décryptage des dynamiques économiques profondes dans les globalisations actuelles, de leurs effets sur les inégalités, du rapport de l'homme à la nature qu'elles engendrent. Je me suis inspiré de lui pour de nombreux concepts, tels, je l'ai dit, ceux d'activités « nomades » et « sédentaires ».

Qu'aimeriez-vous dire à un lecteur qui découvrirait aujourd'hui ce livre pour la première fois ?

Je lui conseillerais de lire les trois volumes de *Civilisation matérielle, économie et capitalisme*, peut-être en commençant comme je l'ai fait par le dernier, *Le Temps du monde*, qui peint la fresque d'ensemble. Puis de lire *La Méditerranée*.

Il y en a pour de longs mois, car je conseille de déguster ces livres à petites doses, de s'immerger progressivement dans le monde tellement fascinant qu'ils donnent à voir, notre monde d'il n'y a pas si longtemps, tout en songeant à ce que nous ont enseigné Braudel et tous les grands historiens : l'histoire est un moyen indispensable de penser notre présent, pour agir sur lui.

Pierre-Noël Giraud,
professeur d'économie à Mines ParisTech,
Dauphine PSL Research University et à l'Université
Mohammed-VI Polytechnique

Ce petit volume reproduit le texte de trois conférences que j'ai faites à l'université de Johns Hopkins, aux États-Unis, en 1976. Le texte en a été traduit en anglais, sous le titre *Afterthoughts on Material Civilization and Capitalism* ; puis en italien : *La Dinamica del Capitalismo.* La présente édition n'apporte aucune correction au texte initial, qui, le lecteur doit en être averti, est antérieur à la publication du livre *Civilisation matérielle, économie et capitalisme*, en 1979, chez Armand Colin. Cet ouvrage étant alors presque entièrement rédigé, il m'avait été demandé de le présenter dans ses très grandes lignes.

F. B.

Chapitre premier

En repensant à la vie matérielle et à la vie économique

J'ai commencé à penser à *Civilisation matérielle, économie et capitalisme*, ce long et ambitieux ouvrage, il y a bien des années, en 1950. Le sujet m'avait alors été proposé, ou plutôt amicalement imposé, par Lucien Febvre, qui venait de mettre sur pied une collection d'histoire générale, « Destins du monde », celle même dont il m'a fallu assumer la continuation difficile après la mort de son directeur, en 1956. Lucien Febvre se proposait, quant à lui, d'écrire *Pensées et croyances d'Occident, du XVe au XVIIIe siècle*, un livre qui devait accompagner et compléter le mien, lui faire pendant, et qui, malheureusement, ne paraîtra jamais. Mon ouvrage a été une fois pour toutes privé de cet accompagnement.

Pourtant, même limité en gros au domaine de l'économie, ce livre m'aura posé beaucoup de problèmes, en raison de l'énorme masse documentaire à saisir, en raison des controverses que soulève son sujet – l'économie, en soi, cela n'existe évidemment pas –, en raison des difficultés que suscite, sans fin, une historiographie en constante évolution, puisqu'elle s'incorpore obligatoirement, bien qu'assez lentement, de bon ou de mauvais gré, les autres sciences de l'homme. Cette historiographie en gésine, jamais la même d'une année à l'autre, nous ne la suivons qu'en courant et en bousculant nos travaux habituels, en nous adaptant, vaille que vaille, à des exigences et à des sollicitations, jamais les mêmes. Je n'ai, quant à moi, que trop de plaisir à écouter ce chant des sirènes. Et les années passent. On désespère alors d'arriver au port. J'aurai consacré vingt-cinq années à l'histoire de la *Méditerranée* et presque vingt à la *Civilisation matérielle.* C'est sans doute trop, beaucoup trop.

I

L'histoire dite économique, en train seulement de se construire, se heurte à des préjugés : elle n'est pas l'histoire noble. L'histoire noble, c'est le navire que construisait Lucien Febvre : non pas Jakob Fugger, mais Martin Luther, mais François Rabelais. Noble ou non noble, ou moins noble qu'une autre, l'histoire économique n'en pose pas moins tous les problèmes inhérents à notre métier : elle est l'histoire entière des hommes, regardée d'un certain point de vue. Elle est à la fois l'histoire de ceux que l'on considère comme les grands acteurs, un Jacques Cœur, un John Law ; l'histoire des grands événements, l'histoire de la conjoncture et des crises, et enfin l'histoire massive et structurale évoluant lentement au fil de la longue durée. Et c'est bien là notre difficulté car, s'agissant de quatre siècles et de l'ensemble du monde, comment organiser une pareille somme de faits et d'explications ? Il fallait bien choisir. J'ai choisi, pour ma part, les équilibres et déséquilibres profonds du long terme. Ce qui me paraît primordial dans l'économie préindustrielle, en effet, c'est la coexistence des rigidités, inerties et pesanteurs d'une économie encore élémentaire avec les mouvements limités et minoritaires, mais vifs, mais puissants, d'une croissance moderne. D'un côté, des paysans dans leurs villages qui vivent de façon presque autonome, quasi en autarcie ; de l'autre, une économie de marché et un capitalisme en expansion, qui font tache d'huile, fabriquent peu à peu, préfigurent déjà le monde même où nous vivons. Donc deux univers au moins, deux genres de vie étrangers et dont les masses respectives s'expliquent cependant l'une par l'autre.

J'ai voulu commencer par les inerties, à première vue une histoire obscure, hors de la conscience claire des hommes, en ce jeu-là bien plus agis qu'acteurs. C'est ce qu'essaie d'expliquer tant bien que mal le premier volume de mon ouvrage, que j'avais pensé intituler, en 1967, dans sa première édition : *Le Possible et l'Impossible : les hommes face à leur vie quotidienne*, que j'ai par la suite changé pour *Les Structures du quotidien*. Mais peu importe le titre ! L'objet de la recherche est aussi clair que possible si cette quête se révèle aléatoire, pleine de lacunes, de pièges et de méprises possibles. En effet, tous les mots mis en avant – inconscient, quotidienneté, structures, profondeur – sont par eux-mêmes obscurs. Et il ne peut s'agir, en l'occurrence, de l'inconscient de la psychanalyse, bien que celui-ci soit aussi en cause, bien qu'il y ait à découvrir peut-être un inconscient collectif dont la réalité a tourmenté si fort Carl Gustav Jung. Mais il est rare que ce très grand sujet soit abordé autrement que par ses très petits côtés. Il attend encore son historien.

J'en suis resté, pour ma part, à des critères concrets. C'est du quotidien que je suis parti, de ce qui, dans la vie, nous prend en charge sans même que nous le sachions : l'habitude – mieux, la routine –, mille gestes qui fleurissent, s'achèvent d'eux-mêmes, et vis-à-vis desquels nul n'a à prendre de décision, qui se passent, au vrai, hors de notre pleine conscience. Je crois l'humanité plus qu'à moitié ensevelie dans le quotidien. D'innombrables gestes hérités, accumulés pêle-mêle, répétés infiniment jusqu'à nous, nous aident à vivre, nous emprisonnent, décident pour nous à longueur d'existence. Ce sont des incitations, des pulsions, des modèles, des façons ou des obligations d'agir qui remontent parfois, et plus souvent qu'on ne le suppose, au fin fond des âges. Très ancien et toujours vivant, un passé multiséculaire débouche sur le temps présent comme l'Amazone projette dans l'Atlantique l'énorme masse de ses eaux troubles.

C'est tout cela que j'ai essayé de saisir sous le nom commode – mais inexact comme tous les mots de trop large signification – de *vie matérielle*. Bien entendu, ce n'est qu'une partie de la vie active des hommes, aussi foncièrement inventeurs que routiniers. Mais, au début, je le répète, je ne me suis pas préoccupé de préciser les limites ou la nature de cette vie plutôt subie qu'agie. J'ai voulu voir et faire voir cette masse généralement mal aperçue d'histoire médiocrement vécue, y plonger, me familiariser avec elle.

Ensuite, ensuite seulement, il serait temps d'en sortir. L'impression profonde, immédiate à la suite de cette pêche sous-marine, c'est que nous sommes dans des eaux très anciennes, au milieu d'une histoire qui, en quelque sorte, n'aurait pas d'âge, que nous retrouverions aussi bien deux ou trois siècles ou dix siècles plus tôt et que parfois, un moment, il nous est donné d'apercevoir encore aujourd'hui de nos propres yeux. Cette vie matérielle telle que je la comprends, c'est ce que l'humanité au cours de son histoire antérieure a incorporé profondément à sa propre vie, comme dans les entrailles mêmes des hommes, pour qui telles expériences ou intoxications de jadis sont devenues nécessités du quotidien, banalités. Et nul ne les observe avec attention.

II

Tel est le fil conducteur de mon premier livre ; son but : une exploration. Ses chapitres se présentent d'eux-mêmes, rien qu'en énonçant leurs titres, comme l'énumération de forces obscures qui travaillent et poussent en avant l'ensemble de la vie matérielle et, au-delà ou au-dessus, l'histoire entière des hommes.

Premier chapitre : « Le nombre des hommes ». C'est la puissance biologique par excellence qui pousse l'homme, comme tous les êtres vivants, à se reproduire ; le « tropisme du printemps », disait Georges Lefebvre. Mais il est d'autres tropismes, d'autres déterminismes. Cette matière humaine en perpétuel mouvement commande, sans que les individus en prennent conscience, une bonne part des destins d'ensemble des vivants. Tour à tour, ceux-ci, dans telles ou telles conditions générales, sont ou trop nombreux, ou pas assez nombreux, le jeu démographique tend à l'équilibre, mais celui-ci s'atteint rarement. À partir de 1450, en Europe, le nombre des hommes croît avec rapidité, c'est qu'il faut compenser, qu'il est possible alors de compenser, les énormes pertes du siècle précédent, au lendemain de la Peste noire. Il y a eu récupération jusqu'au prochain reflux. Successifs, comme attendus d'avance aux yeux des historiens, flux et reflux dessinent, révèlent des règles tendancielles, des règles de longue durée qui resteront en place jusqu'au XVIIIe siècle. Au XVIIIe siècle seulement, il y aura eu éclatement des frontières de l'impossible, dépassement d'un plafond jusque-là infranchissable. Depuis lors, le nombre des hommes n'a cessé d'augmenter, il n'y a plus eu de coup d'arrêt, de renversement du mouvement. Peut-il surgir demain un tel renversement ?

En tout cas, jusqu'au XVIIIe siècle, le système vivant est enfermé dans un cercle presque intangible. La circonférence est-elle atteinte, il y a presque aussitôt rétraction, recul. Les façons et occasions de rétablir l'équilibre ne manquent pas : pénuries, disettes, famines, dures conditions de la vie de tous les jours, guerres, enfin et surtout, les maladies en long cortège. Aujourd'hui, elles sont encore à l'œuvre ; hier, elles étaient des fléaux d'apocalypse : la peste aux épidémies régulières qui ne quittera l'Europe qu'au XVIIIe siècle ; le typhus qui, avec l'hiver, bloquera Napoléon et son armée au cœur de la Russie ; la typhoïde et la variole qui sont endémiques ; la tuberculose, tôt présente dans les campagnes et qui, au XIXe siècle, submerge les villes et devient le mal romantique par excellence ; enfin, les maladies vénériennes, la syphilis qui renaît ou, mieux, explose par combinaison d'espèces microbiennes, après la découverte de l'Amérique. Les déficiences de l'hygiène, la mauvaise qualité de l'eau potable font le reste.

Comment l'homme, dès sa naissance fragile, échapperait-il à toutes ces agressions ? La mortalité infantile est énorme, comme dans certains pays sous-développés d'aujourd'hui, ou d'hier ; l'état sanitaire général précaire. Nous possédons des centaines de comptes rendus d'autopsies dès le XVIe siècle. Ils sont hallucinants. La description des déformations, des détériorations des corps et de la peau, l'anormale population de parasites logés dans les poumons et les entrailles stupéfieraient un médecin d'aujourd'hui. Donc, jusqu'à des temps récents, une réalité biologique malsaine domine implacablement l'histoire des hommes. Il faut y penser lorsqu'on se demande : combien sont-ils ? De quoi souffrent-ils ? Peuvent-ils conjurer leurs maux ?

Autres questions posées par les chapitres suivants : que mangent-ils ? Que boivent-ils ? Comment s'habillent-ils ? Comment se logent-ils ? Questions incongrues, qui exigent presque un voyage de découverte, car, vous le savez, l'homme ne mange ni ne boit dans les livres d'histoire traditionnelle. On a bien dit, il y a longtemps pourtant : « *Der Mensch ist was er isst* » (« L'homme est ce qu'il mange »), mais peut-être était-ce surtout pour le plaisir du jeu de mots que permet la langue allemande. Pourtant, je ne crois pas qu'il faille reléguer dans l'anecdotique l'apparition de tant de produits alimentaires, du sucre, du café, du thé à l'alcool. Ils sont en fait, chaque fois, d'interminables, d'importants flux d'histoire. Et l'on ne saurait exagérer, en tout cas, l'importance des céréales, plantes dominantes de l'alimentation ancienne. Le blé, le riz, le maïs, sont le résultat de choix très anciens et d'innombrables expériences successives, qui par l'effet de « dérives » multiséculaires (selon le mot de Pierre Gourou, le plus grand des géographes français) sont devenus des choix de civilisation. Le blé, qui dévore la terre, qui exige que celle-ci se repose régulièrement, implique, permet l'élevage : pourrions-nous imaginer l'histoire de l'Europe sans ses animaux domestiques, ses charrues, ses attelages, ses charrois ? Le riz naît d'une sorte de jardinage, d'une culture intense où l'homme ne laisse pas de place aux animaux. Le maïs est certes le plus commode, le plus facile à obtenir des mets quotidiens : il ménage des loisirs, d'où les corvées paysannes et les énormes monuments amérindiens. Une force de travail inemployée a été confisquée par la société. Et nous pourrions discuter aussi sur les rations et les calories qu'elles représentent, sur les insuffisances et les changements de la diète à travers les âges. Ce sont là des propos aussi passionnants, n'est-il pas vrai, que le destin de l'Empire de Charles Quint ou que les splendeurs fugaces et discutables de ce que l'on appelle la primauté française au temps de Louis XIV ? Et, certes, des propos lourds de conséquences : l'histoire des dopants anciens, l'alcool, le tabac, la façon fulgurante dont le tabac, en particulier, a gagné le monde, en a fait le tour, n'est-ce pas un avertissement pour les dopants autrement dangereux d'aujourd'hui ?

Des constatations analogues s'imposent au sujet des *techniques*. Merveilleuse histoire, en vérité, et qui colle au travail des hommes et à leurs très lents progrès dans leur lutte quotidienne contre le milieu extérieur et contre eux-mêmes. Tout est technique depuis toujours, l'effort violent, mais aussi l'effort patient et monotone des hommes, modelant une pierre, un morceau de bois ou de fer pour en faire un outil ou une arme. N'est-ce pas là une activité au ras du sol, conservatrice par essence, *lente à se transformer*, et que la science (qui est sa superstructure tardive) recouvre lentement, quand elle la recouvre ? Les grandes concentrations économiques appellent les concentrations de moyens techniques et le développement de la technologie : ainsi l'arsenal de Venise au XVe siècle, ainsi la Hollande au XVIIe siècle, ainsi l'Angleterre au XVIIIe. Et chaque fois la science, si balbutiante soit-elle, sera au rendez-vous. Elle y est conduite de force.

Depuis toujours, toutes les techniques, tous les éléments de la science, s'échangent, voyagent à travers le monde, il y a diffusion incessante. Mais ce qui se diffuse, mal, ce sont les associations, les groupements de techniques : le gouvernail d'étambot, plus la coque construite à clin, plus l'artillerie à bord des navires, plus la navigation hauturière – de même le capitalisme, somme d'artifices, de procédés, d'habitudes, de performances. Est-ce la navigation hauturière, est-ce le capitalisme qui ont créé la suprématie de l'Europe, du simple fait qu'ils ne se sont pas diffusés par masses entières ?

Mais, me demanderez-vous, pourquoi vos deux derniers chapitres sont-ils consacrés à la monnaie et aux villes ? J'ai voulu en débarrasser le volume suivant, c'est vrai. Mais cette raison, évidemment, n'est pas, ne serait pas suffisante à elle seule. La vérité, c'est que monnaies et villes plongent à la fois dans la quotidienneté immémorable et dans la modernité la plus récente. La monnaie est une très vieille invention, si j'entends par là tout moyen qui accélère l'échange. Et, sans échange, pas de société.

Quant aux villes, elles existent dès la Préhistoire. Ce sont là des structures multiséculaires de la vie la plus ordinaire. Mais ce sont aussi des multiplicateurs, capables de s'adapter au changement, de l'aider puissamment. On pourrait dire que les villes, que la monnaie ont fabriqué la modernité, mais aussi, selon la règle de réciprocité chère à Georges Gurvitch, que la modernité, la masse en mouvement de la vie des hommes, a poussé en avant l'expansion de la monnaie, a construit la tyrannie grandissante des villes. Villes et monnaies sont à la fois des moteurs et des indicateurs ; elles provoquent, elles signalent le changement. Elles en sont aussi la conséquence.

III

C'est dire qu'il n'est pas facile de cerner l'immense royaume de l'habituel, du routinier, « ce grand absent de l'histoire ». En réalité, l'habituel envahit l'ensemble de la vie des hommes, s'y diffuse comme l'ombre du soir remplit un paysage. Mais cette ombre, ce manque de mémoire et de lucidité, admettent à la fois des zones moins éclairées et des zones plus éclairées que d'autres. Entre ombre et lumière, entre routine et décision consciente, la limite serait importante à marquer. Reconnue, elle permettrait de distinguer ce qui est à droite de ce qui est à gauche de l'observateur ou, mieux, au-dessous et au-dessus de lui.

Imaginez donc l'énorme et multiple nappe que représentent, pour une région donnée, tous les marchés élémentaires qu'elle possède, soit une nuée de points, pour des débits souvent médiocres. Par ces bouches multiples commence ce que nous appelons l'économie d'échange, tendue entre la production, énorme domaine, et la consommation, énorme domaine également. Aux siècles d'Ancien Régime, entre 1400 et 1800, il s'agit là encore d'une très imparfaite économie d'échange. Sans doute, par ses origines, se perd-elle dans la nuit des temps, mais elle n'arrive pas à joindre toute la production à toute la consommation, une énorme part de la production se perdant dans l'autoconsommation, de la famille ou du village, n'entrant pas dans le circuit du marché.

Cette imperfection dûment considérée, il reste que l'*économie de marché* est en progrès, qu'elle relie suffisamment de bourgs et de villes pour commencer déjà à organiser la production, à orienter et commander la consommation. Il y faudra des siècles, sans doute, mais entre ces deux univers – la production où tout naît, la consommation où tout se détruit –, elle est la liaison, le moteur, la zone étroite mais vive d'où jaillissent les incitations, les forces vives, les nouveautés, les initiatives, les prises multiples de conscience, les croissances et même le progrès. J'aime, sans la partager tout à fait, la remarque de Carl Brinkmann, pour qui l'histoire économique se résume à l'histoire de l'économie de marché, suivie de ses origines jusqu'à sa fin éventuelle.

Aussi ai-je bien longuement observé, décrit, fait revivre les marchés élémentaires à ma portée. Ils marquent une frontière, une limite basse de l'économie. Tout ce qui reste en dehors du marché n'a qu'une valeur d'usage, tout ce qui en franchit la porte étroite acquiert une valeur d'échange. Selon qu'il est d'un côté ou de l'autre du marché élémentaire, l'individu, l'« agent », est ou n'est pas inclus dans l'échange, dans ce que j'ai appelé la *vie économique* pour l'opposer à la *vie matérielle* ; pour le distinguer aussi – mais cette discussion sera pour plus tard – du *capitalisme*.

L'artisan itinérant, qui va de bourg en bourg offrir ses pauvres services de rempailleur de chaises ou de ramoneur de cheminées, bien que très médiocre consommateur, appartient cependant au monde du marché ; il doit lui demander sa nourriture quotidienne. S'il a conservé des liens avec sa campagne natale et qu'au moment de la moisson ou de la vendange il regagne son village pour y redevenir paysan, il enjambe alors la frontière du marché, mais dans l'autre sens. Le paysan, qui lui-même commercialise régulièrement une part de sa récolte et achète régulièrement des outils, des vêtements, fait *déjà* partie du marché. Celui qui ne vient au bourg que pour vendre quelques menues marchandises, des œufs, une volaille, pour obtenir les quelques pièces de monnaie nécessaires au paiement de ses impôts ou à l'achat d'un soc de charrue, celui-là touche seulement à la limite du marché. Il reste dans l'énorme masse de l'autoconsommation.

Le colporteur, qui vend dans les rues et les campagnes des marchandises par menues quantités, est du côté de la vie d'échanges, du côté du calcul, du doit et avoir, si modestes que soient et ses échanges et ses calculs. Le boutiquier est, lui, carrément, un agent de l'économie de marché. Ou il vend ce qu'il fabrique, et c'est un artisan boutiquier ; ou il vend ce que d'autres ont produit, il est dès lors à l'étage des marchands. La boutique, toujours ouverte, à l'avantage d'offrir un échange continu, alors que le marché se tient un ou deux jours par semaine. Plus encore, la boutique, c'est l'échange assorti du crédit, car le boutiquier reçoit sa marchandise à crédit, il la vend à crédit. Ici, toute une séquence de dettes et de créances se tend à travers l'échange.

Au-dessus des marchés et des agents élémentaires de l'échange, les foires et les Bourses (celles-ci ouvertes tous les jours, celles-là se tenant à dates fixes, pendant quelques jours, et revenant sur place à de longs intervalles) jouent un rôle supérieur. Même si les foires, comme c'est généralement le cas, sont ouvertes aux petits vendeurs et aux médiocres marchands, elles sont, comme les Bourses, dominées par les gros marchands, ceux que l'on appellera bientôt les *négociants* et qui ne s'occupent guère du commerce de détail.

Dans les premiers chapitres du volume II de mon ouvrage, intitulé *Les jeux de l'échange*, j'ai longuement décrit ces divers éléments de l'économie de marché, en essayant de voir les choses d'aussi près que possible. J'y ai pris peut-être trop de plaisir, et mon lecteur me trouvera sans doute un peu long. Mais n'est-il pas bon que l'histoire soit d'abord une description, simple observation, classement sans trop d'idées préalables ? Voir, faire voir, c'est la moitié de notre tâche. Voir, si possible de nos propres yeux. Car je puis vous assurer que rien n'est plus facile en Europe, je ne dis pas aux États-Unis, que de voir encore ce que peut être un marché dans la rue d'une ville, ou une boutique de jadis, ou un colporteur prompt à vous raconter ses voyages, ou une foire, ou une Bourse. Allez au Brésil, dans l'arrière-pays de Bahia, ou en Kabylie, ou en Afrique noire, et vous retrouverez des marchés archaïques vivant encore sous nos yeux. Et puis, si l'on veut bien les lire, il y a mille documents pour nous parler des échanges d'hier, archives des villes, registres de notaires, papiers de police et tant de récits de voyageurs, pour ne pas parler des peintres.

Prenons l'exemple de Venise. En se promenant dans la ville si miraculeusement intacte, après avoir flâné dans les archives et dans les musées, on peut presque tout reconstituer des spectacles d'hier. À Venise, pas de foires, ou plus de foires de marchandises : la *Sensa*, foire de l'Ascension, est une fête, avec des baraques de marchands sur la place Saint-Marc, des masques, de la musique et le spectacle rituel des épousailles du doge et de la mer, à la hauteur de San Niccolo. Quelques marchés se tiennent sur la place Saint-Marc, notamment des marchés de bijoux précieux et de fourrures non moins précieuses. Mais, hier comme aujourd'hui, le grand spectacle marchand est celui de la place de Rialto, en face du pont et du Fondaco dei Tedeschi, aujourd'hui la poste centrale de Venise. Vers 1530, l'Arétin, qui avait sa maison sur le Canal Grande, s'amusait à regarder les bateaux chargés de fruits et de montagnes de melons, venant des îles de la lagune vers ce « ventre » de Venise, car la double place de Rialto, Rialto Nuovo et Rialto Vecchio, c'est le « ventre » et le centre actif de tous les échanges, de toutes les affaires, petites et grandes. À deux pas des étalages bruyants de la double place, voici les gros négociants de la ville, dans leur Loggia, construite en 1455, on pourrait dire dans leur Bourse, discutant chaque matin discrètement de leurs affaires, des assurances maritimes, des frets, achetant, vendant, signant des contrats entre eux ou avec des marchands étrangers. À deux pas, les *banchieri* sont là, dans leurs étroites boutiques, prêts à régler ces transactions sur-le-champ, par des virements de compte à compte. Tout près aussi, là où ils se trouvent encore aujourd'hui, l'*Herberia*, le marché aux légumes, la *Pescheria*, le marché au poisson, et, un peu plus loin dans l'ancienne Ca' Quarini, les *Beccarie*, les boucheries, au voisinage de l'église des bouchers, San Matteo, seulement détruite à la fin du XIXe siècle.

Nous serions un peu plus dépaysés dans le vacarme de la Bourse d'Amsterdam, disons au XVIIe siècle, mais un agent de change d'aujourd'hui, qui se serait amusé à lire l'étonnant livre de José de la Vega, *Confusión de confusiones* (1688), s'y reconnaîtrait sans peine, j'imagine, dans le jeu déjà compliqué et sophistiqué des actions que l'on vend et revend sans les posséder, selon les procédés très modernes de ventes à terme ou à prime. Un voyage à Londres, dans les cafés célèbres de Change Alley, révélerait les mêmes roueries et les mêmes acrobaties.

Mais arrêtons ces énumérations. Nous avons, en simplifiant, distingué deux registres de l'économie de marché : un registre inférieur, les marchés, les boutiques, les colporteurs ; un registre supérieur, les foires et les Bourses. Première question : en quoi ces outils de l'échange peuvent-ils nous aider à expliquer, en gros, les vicissitudes de l'économie européenne d'Ancien Régime, entre XVe et XVIIIe siècles ? Seconde question : en quoi, par ressemblance ou par contraste, peuvent-ils éclairer, pour nous, les mécanismes de l'économie non européenne, dont on commence seulement à connaître quelque chose ? Ce sont les deux questions auxquelles nous voudrions répondre, en conclusion de la présente conférence.

IV

Tout d'abord, l'évolution de l'Occident, au cours de ces quatre siècles : XVe, XVIe, XVIIe et XVIIIe.

Le XVe siècle, surtout après 1450, voit une reprise générale de l'économie, au bénéfice des villes, qui, favorisées par la montée des prix « industriels » alors que les prix agricoles stagnent ou baissent, démarrent plus vite que les campagnes. Aucune erreur possible : à ce moment-là, le rôle moteur est celui des boutiques d'artisans ou, mieux encore, des marchés urbains. Ce sont ces marchés qui dictent leur loi. La reprise se marque ainsi au *plancher* de la vie économique.

Au siècle suivant, quand la machine relancée se complique du fait même de sa vitesse recouvrée (le XIIIe siècle et le XIVe, avant la Peste noire, avaient été des époques de franche accélération) et du fait de l'élargissement de l'économie atlantique, le mouvement moteur se situe à la hauteur des foires internationales : foires d'Anvers, de Berg-op-Zoom, de Francfort, de Medina del Campo, de Lyon, un instant centre de l'Occident, plus encore par la suite des foires dites de « Besançon », celles-ci extrêmement sophistiquées, réduites aux trafics de l'argent et du crédit et instrument, pendant une quarantaine d'années au moins, de 1579 à 1621, de la domination des Génois, maîtres incontestés des mouvements monétaires internationaux. Raymond de Roover, peu enclin, vu sa prudence innée, aux généralisations, n'hésitait pas à caractériser le XVIe siècle comme l'apogée des très grandes foires. L'essor de ce siècle si actif, ce serait, en dernière analyse, l'exubérance d'un dernier étage, d'une *superstructure*, et, du coup, la prolifération de cette superstructure que gonflent alors les arrivées de métaux précieux d'Amérique et, plus encore, un système de changes et rechanges qui fait circuler rapidement une masse de papier et de crédit. Ce chef-d'œuvre fragile des banquiers génois s'effondrera avec les années 1620, pour mille raisons à la fois.

La vie active du XVIIe siècle, dégagée des sortilèges de la Méditerranée, se développe à travers le vaste champ de l'océan Atlantique. On a souvent décrit ce siècle comme une époque de recul ou de stagnation économique. Il faudrait sans doute nuancer. Car si l'élan du XVIe siècle est indéniablement coupé, en Italie et ailleurs, la montée fantastique d'Amsterdam n'est tout de même pas sous le signe du marasme économique. En tout cas, sur ce point, les historiens sont tous d'accord : l'activité qui persiste s'appuie sur un retour décisif à la marchandise, à un échange de base en somme, le tout au bénéfice de la Hollande, de ses flottes, de la Bourse d'Amsterdam. En même temps, la foire cède le pas aux Bourses, aux places marchandes qui sont à la foire ce que la boutique ordinaire est au marché urbain, c'est-à-dire un flux continu se substituant à des rencontres intermittentes. C'est là une histoire ultra-connue, classique. Mais la Bourse n'est pas seule en cause. Les splendeurs d'Amsterdam risquent de nous cacher des réussites plus ordinaires. Le XVIIe siècle, en fait, c'est aussi l'épanouissement massif des boutiques, un autre triomphe du continu. Elles se multiplient à travers l'Europe où elles créent des réseaux serrés de redistribution. C'est Lope de Vega (1607) qui dit de la Madrid du siècle d'Or que « *todo se ha vuelto tiendas* » (« tout s'y est transformé en boutiques »).

Au XVIIIe siècle, siècle d'accélération économique générale, tous les outils de l'échange sont logiquement en service : les Bourses amplifient leurs activités, Londres imite et essaie de supplanter Amsterdam qui tend alors à se spécialiser comme la grande place d'emprunts internationaux, Genève et Gênes participent à ces jeux dangereux, Paris s'anime et commence à se mettre au diapason, l'argent et le crédit courent ainsi de plus en plus librement d'une place à l'autre. Dans cette ambiance, il est naturel que les foires soient perdantes : faites pour activer les échanges traditionnels par l'octroi d'avantages fiscaux entre autres, elles perdent leur raison d'être en période d'échanges et de crédit faciles. Toutefois, si elles commencent à décliner là où la vie se précipite, elles s'épanouissent et se maintiennent là où s'attardent des économies encore traditionnelles. Aussi bien, énumérer les foires actives du XVIIIe siècle, c'est signaler les régions marginales de l'économie européenne : en France, la zone des foires de Beaucaire ; en Italie, la région des Alpes (Bolzano) ou le Mezzogiorno, plus encore les Balkans, la Pologne, la Russie et, vers l'ouest, au-delà de l'Atlantique, le Nouveau Monde.

Inutile de le dire, en cette période de consommation et d'échange accrus, les marchés urbains élémentaires et les boutiques sont plus animés que jamais. Celles-ci ne gagnent-elles pas alors les villages ? Même les colporteurs décuplent leurs activités. Enfin se développe ce que l'historiographie anglaise appelle le *private market*, par opposition au *public market*, celui-ci surveillé par les autorités urbaines sourcilleuses, celui-là hors de ces contrôles. Ce *private market*, qui, bien avant le XVIIIe siècle, a commencé à organiser dans toute l'Angleterre les achats directs, souvent anticipés, aux producteurs, l'achat aux paysans, hors du marché, de la laine, du blé, des toiles, etc., c'est la mise en place, contre la réglementation traditionnelle du marché, de chaînes commerciales autonomes, fort longues, libres de leurs mouvements et qui d'ailleurs profitent sans scrupule de cette liberté. Elles se sont imposées par leur efficacité, à la faveur des gros ravitaillements nécessaires à l'armée ou aux grandes capitales. Le « ventre » de Londres, le « ventre » de Paris, ont été en somme révolutionnaires. Bref, le XVIIIe siècle aura tout développé en Europe, y compris le « contre-marché ».

Tout cela, vérité d'Europe. Nous n'avons parlé que d'elle jusqu'à présent. Non que nous voulions tout ramener à sa vie particulière par une vision eurocentriste trop commode. Mais, simplement, parce que le métier d'historien s'est développé en Europe et que c'est à leur propre passé que se sont attachés les historiens. Depuis quelques décennies, un renversement s'est produit ; les sources documentaires, dans l'Inde, au Japon, en Turquie, sont systématiquement exploitées et nous commençons à connaître l'histoire de ces pays autrement que par les rapports des voyageurs ou les livres des historiens d'Europe. Nous en savons assez déjà pour nous poser cette question : si les rouages de l'échange que nous venons de décrire, pour l'Europe seule, existent hors d'Europe – et ils existent en Chine, dans l'Inde, à travers l'Islam, au Japon –, peut-on les utiliser pour un essai d'analyse comparative ? Le but serait, si possible, de situer en gros la non-Europe par rapport à l'Europe elle-même, de voir si le fossé grandissant qui va se creuser entre elles au XIXe siècle était déjà visible avant la Révolution industrielle, si l'Europe était, ou non, en avance par rapport au reste du monde.

Première constatation : partout des marchés sont en place, même dans les sociétés à peine ébauchées, en Afrique noire, dans les civilisations amérindiennes. *A fortiori*, dans les sociétés très denses, évoluées, qui sont littéralement criblées de marchés élémentaires. Un petit effort, ces marchés sont devant nos yeux, encore vivants ou faciles à reconstituer. En pays d'Islam, les villes ont dépouillé à peu près les villages de leurs marchés. Tout comme en Europe, elles les ont avalés. Les plus larges de ces marchés s'étalent aux portes monumentales des cités, en des espaces qui ne sont en somme ni campagne ni ville, où le citadin d'un côté, le paysan de l'autre, se rencontrent en terrain neutre. Dans la ville même, aux rues et places étroites, des marchés de quartier arrivent à se glisser : le client y trouve le pain frais du jour, quelques marchandises et, contrairement à l'usage ordinaire de l'Europe, beaucoup de plats cuisinés : boulettes de viande, têtes de mouton grillées, beignets, gâteaux. Les grands centres commerciaux, à la fois marchés, rassemblements de boutiques et halles à l'européenne, ce sont les *fondouks*, les *bazars*, ainsi le Besestan d'Istanbul.

Dans l'Inde, notons une particularité : pas un village qui ne possède son marché, en raison de la nécessité d'y transformer, par l'intervention du marchand banyan, les redevances, livrées en nature par la communauté villageoise, en redevances en argent, soit pour le Grand Moghol, soit pour les seigneurs de sa suite. Faut-il voir dans cette nébuleuse de marchés villageois une imperfection, dans l'Inde, de la saisie urbaine ? Ou bien, au contraire, imaginer que les marchands banyans pratiquent une sorte de *private market*, en saisissant la production à la source, dans le village même ?

L'organisation la plus étonnante, à l'étage des marchés élémentaires, c'est assurément celle de la Chine, à tel point que son cas relève d'une géographie exacte, quasi mathématique. Soit un bourg, ou une petite ville. Marquez un point sur une feuille blanche. Autour de ce point se disposent de six à dix villages, à une distance telle que le paysan peut, dans la journée, aller au bourg et en revenir. Cet ensemble géométrique – un point au centre et dix points autour de lui –, c'est ce que nous appellerions un canton, la zone de rayonnement d'un marché de bourg. Pratiquement ce marché se divise selon les rues et les places du bourg, il s'accroche aux boutiques des revendeurs, des usuriers, des écrivains publics, des marchands de menues denrées, des maisons de thé et de saké. W. Skinner a raison, c'est dans cet espace cantonal que se situe la matrice de la Chine paysanne, non pas dans le village. Vous accepterez aussi sans difficulté que les bourgs tournent, quant à eux, autour d'une ville qu'ils enveloppent à distance convenable et ravitaillent, et par laquelle ils sont liés aux trafics lointains et aux marchandises qui ne sont pas produites sur place. Que le tout soit un système, c'est ce que dit clairement le fait que le calendrier des marchés des divers bourgs et de la ville sont fixés de façon à ne pas se chevaucher. D'un marché à l'autre, d'un bourg à l'autre, circulent sans arrêt colporteurs et artisans, car, en Chine, la boutique de l'artisan est ambulante et c'est sur le marché que vous louerez ses services, si bien que le forgeron ou le barbier se rendront pour leur travail à votre domicile. Bref, la masse chinoise est traversée, animée par des chaînes de marchés réguliers, liés les uns aux autres et tous étroitement surveillés.

Les boutiques, les colporteurs, sont également très nombreux, ils pullulent ; mais les foires et les Bourses, rouages supérieurs, font défaut. Il y a bien quelques foires, mais marginales, aux frontières de la Mongolie, ou à Canton, pour les marchands étrangers, façon aussi de les surveiller.

Alors, de deux choses l'une : ou bien le gouvernement est hostile à ces formes supérieures de l'échange, ou bien la circulation capillaire des marchés élémentaires suffit à l'économie chinoise : les artères et les veines ne lui seraient pas nécessaires. Pour l'une ou l'autre de ces raisons, ou pour les deux à la fois, l'échange en Chine est en somme écrêté, arasé, et nous verrons dans une autre conférence que cela a eu sa grande importance pour le non-développement du capitalisme chinois.

Les étages supérieurs de l'échange sont mieux dessinés au Japon, où les réseaux de grands marchands sont parfaitement organisés. Mieux dessinés aussi dans l'Insulinde, vieux carrefour marchand, qui a ses foires régulières, ses Bourses, si vous entendez par là comme dans l'Europe des XVe-XVIe siècles, et même plus tard, les réunions quotidiennes des gros marchands d'une place donnée. Ainsi à Bantam, dans l'île de Java, longtemps la ville la plus active de l'île, même après la fondation de Batavia en 1619, les négociants se réunissent tous les jours sur une des places de la ville, à l'heure où le marché s'y achève.

L'Inde est par excellence le pays des foires, vastes réunions marchandes et religieuses à la fois, car elles se font le plus souvent sur des lieux de pèlerinage. Toute la péninsule est remuée par ces réunions gigantesques. Admirons leur omniprésence et leur importance ; n'étaient-elles pas cependant le signe d'une économie traditionnelle, d'une certaine façon tournée vers le passé ? Par contre, dans le monde islamique, quoique les foires aient existé, elles n'étaient ni aussi nombreuses ni aussi larges que celles de l'Inde. Des exceptions telles que les foires de La Mecque ne font que confirmer la règle. En effet, les villes musulmanes, surdéveloppées et surdynamiques, possédaient les mécanismes et les instruments des étages supérieurs de l'échange. Des billets à ordre y circulaient aussi couramment qu'en Inde et allaient de pair avec l'utilisation directe de l'argent comptant. Tout un réseau de crédit reliait les villes musulmanes à l'Extrême-Orient. Un voyageur anglais, de retour des Indes, en 1759, et sur le point de passer de Basra à Constantinople, ne voulant pas laisser son argent en dépôt à l'East India Company, à Surat, versait 2 000 piastres en espèces à un banquier de Basra, qui lui donna une lettre rédigée en « *lingua franca* » pour un banquier d'Alep. Il aurait dû, théoriquement, en retirer un profit, mais ne gagna pas autant qu'il en avait l'espoir. Nul ne gagne à tous les coups.

En résumé, si on la compare aux économies du reste du monde, l'économie européenne semble avoir dû son développement plus avancé à la supériorité de ses instruments et de ses institutions : les Bourses et les diverses formes du crédit. Mais, sans exception aucune, tous les mécanismes et artifices de l'échange se retrouvent en dehors de l'Europe, développés et utilisés à des degrés divers, et l'on peut y discerner une hiérarchie : à l'étage presque supérieur, le Japon ; peut-être l'Insulinde, et l'Islam ; sûrement l'Inde, avec son réseau de crédit développé par ses marchands banyans, sa pratique des prêts d'argent aux entreprises hasardées, ses assurances maritimes ; à l'étage au-dessous, habituée à vivre sur elle-même, la Chine ; et finalement, juste au-dessous d'elle, des milliers d'économies encore primitives.

Le fait d'établir un classement entre les économies du monde n'est pas sans signification. Je garderai à l'esprit cette hiérarchie dans le chapitre suivant, quand je tenterai d'évaluer les positions occupées par l'économie de marché et le capitalisme. En effet, cette mise en ordre à la verticale permettra à l'analyse de porter ses fruits. Au-dessus de la masse énorme de la vie matérielle de tous les jours, l'économie de marché a tendu ses filets et maintenu en vie ses divers réseaux. Et ce fut, d'habitude, au-dessus de l'économie de marché proprement dite, qu'a prospéré le capitalisme. On pourrait dire que l'économie du monde entier est visible sur une vraie carte en relief.

CHAPITRE II
Les jeux de l'échange

Dans ma précédente conférence, j'ai marqué la place caractéristique, du XVe au XVIIIe siècle, d'un énorme secteur d'autoconsommation qui, pour l'essentiel, reste tout à fait étranger à l'économie d'échange. L'Europe, même la plus développée, est trouée, jusqu'au XVIIIe siècle et même au-delà, de zones qui participent peu à la vie générale et, dans leur isolement, s'obstinent à mener leur propre existence, presque entièrement fermée sur elle-même.

Je voudrais aujourd'hui aborder ce qui relève proprement de l'échange et que nous désignerons à la fois comme l'*économie de marché* et comme le *capitalisme*. Cette double appellation indique que nous entendons distinguer l'un de l'autre ces deux secteurs qui, à nos yeux, ne se confondent pas. Répétons toutefois que ces deux groupes d'activité – *économie de marché* et *capitalisme* – sont, jusqu'au XVIIIe siècle, minoritaires, que la masse des actions des hommes reste contenue, engloutie dans l'immense domaine de la *vie matérielle*. Si l'économie de marché est en extension, si elle couvre déjà de très vastes surfaces et connaît des succès spectaculaires, elle manque encore, assez souvent, d'épaisseur. Quant aux réalités d'Ancien Régime que j'appelle, à tort ou à raison, *capitalisme*, elles relèvent d'un étage brillant, sophistiqué, mais étroit, qui ne saisit pas l'ensemble de la vie économique et ne crée pas, l'exception confirmant la règle, de « mode de production » qui lui serait propre et tendrait, de lui-même, à se généraliser. Il s'en faut même que ce capitalisme qu'on dit d'ordinaire *marchand* saisisse, manœuvre dans son ensemble l'économie de marché, bien que celle-ci soit sa condition préalable indispensable. Et, cependant, le rôle national, international, mondial, du capitalisme est déjà évident.

I

L'économie de marché, dont je vous ai déjà parlé dans le premier chapitre, se présente à nous sans trop d'ambiguïté. Les historiens lui ont accordé, en vérité, une place princière. Tous la privilégient. Par comparaison, la production et la consommation sont des continents encore mal prospectés par une recherche quantitative qui n'en est qu'à ses débuts. On ne comprend pas ces univers avec facilité. L'économie de marché, au contraire, ne cesse de faire parler d'elle. Elle remplit des pages et des pages de documents d'archives – archives urbaines, archives privées de familles marchandes, papiers de justice et de police, délibérations des chambres de commerce, registres de notaires… Alors, comment ne pas la repérer et ne pas s'intéresser à elle ? Elle occupe continûment la scène.

Le danger, c'est évidemment de ne voir qu'elle, de la décrire avec un luxe de détails qui suggère une présence envahissante, insistante, alors qu'elle n'est qu'un fragment d'un vaste ensemble, de par sa nature même qui la réduit à un rôle de liaison entre la production et la consommation et du fait qu'avant le XIXe siècle, elle est une simple couche plus ou moins épaisse et résistante, parfois très mince, entre l'océan de la vie quotidienne qui la sous-tend et les processus du capitalisme qui, une fois sur deux, la manœuvrent d'en haut.

Peu d'historiens ont le sentiment net de cette limitation qui, la restreignant, définit l'économie de marché et signale son vrai rôle. Witold Kula est du nombre de ces quelques-uns qui ne s'en laissent pas trop imposer par le mouvement des prix du marché, ses hauts, ses bas, ses crises, ses corrélations lointaines et ses tendances à l'unisson – c'est-à-dire tout ce qui rend palpable l'augmentation régulière du volume des échanges. Pour reprendre une de ses images, il importe de regarder toujours au fond du puits, jusqu'à la masse profonde de l'eau, de la *vie matérielle* que les prix du marché touchent, mais ne pénètrent et n'entraînent pas toujours. Aussi bien, toute histoire économique qui ne serait pas à double registre – à savoir la sortie du puits et le puits en profondeur – risque d'être terriblement incomplète.

Cela dit, il reste évident qu'entre XVe et XVIIIe siècles, la zone de cette vie rapide qu'est l'économie de marché n'a cessé de s'élargir. Le signe qui l'annonce et le prouve, c'est, à travers l'espace, la variation en chaîne des prix des marchés. Ces prix bougent dans le monde entier, en Europe selon d'innombrables observations, au Japon et en Chine, dans l'Inde et à travers les pays d'Islam (ainsi dans l'Empire turc), en Amérique, là où le métal précieux joue un rôle précoce – c'est-à-dire en Nouvelle-Espagne, au Brésil, au Pérou. Et tous ces prix se correspondent bien ou mal, se suivent avec des décalages plus ou moins accentués, décalages à peine sensibles à travers l'Europe entière où les économies s'accrochent de près les unes aux autres, mais qui, par contre, retarderaient d'une vingtaine d'années au moins, par rapport à l'Europe, en ce qui concerne l'Inde de la fin du XVIe siècle et du début du XVIIe.

Bref, bien ou mal, une *certaine* économie relie entre eux les différents marchés du monde, une économie qui n'entraîne derrière elle que quelques marchandises exceptionnelles, mais aussi les métaux précieux, voyageurs privilégiés, qui font déjà le tour du monde. Les *pièces de huit* espagnoles, frappées avec le métal blanc d'Amérique, traversent la Méditerranée, traversent l'Empire turc et la Perse, atteignent l'Inde et la Chine. À partir de 1572, par le relais de Manille, le métal blanc américain traverse aussi le Pacifique et, en fin de voyage, parvient une fois de plus à la Chine, par cette voie nouvelle.

Ces liaisons, ces chaînes, ces trafics, ces transports essentiels, comment n'attireraient-ils pas les regards des historiens ? Ces spectacles les fascinent comme ils ont fasciné les contemporains. Même les premiers économistes, qu'étudient-ils, *en fait*, si ce n'est l'offre et la demande sur le marché ? Les villes sourcilleuses, leur politique économique, qu'est-elle, sinon la surveillance de leurs marchés, de leur approvisionnement, de leurs prix ? Et le Prince, dès qu'une politique économique se dessine dans ses actes, n'est-ce pas à propos du marché national, du pavillon national qu'il faut défendre, de l'industrie nationale liée au marché intérieur et au marché extérieur, et qu'il importe de promouvoir ? C'est dans cette zone étroite et sensible du marché qu'il est possible et logique d'agir. Elle répercute les mesures prises, comme la pratique le montre tous les jours. Si bien qu'on a fini par croire, à tort ou à raison, que les échanges ont, en eux-mêmes, un rôle décisif, équilibrant, qu'ils égalisent par la concurrence les dénivellations, ajustent l'offre et la demande, que le marché est un dieu caché et bénévole, la « main invisible » d'Adam Smith, le marché autorégulateur du XIXe siècle, la clef de voûte de l'économie, si l'on s'en tient au *laissez faire, laissez passer*.

Il y a là une part de vérité, une part de mauvaise foi, mais aussi d'illusion. Peut-on oublier combien de fois le marché a été tourné ou faussé, le prix arbitrairement fixé par les monopoles de fait ou de droit ? Et surtout, en admettant les vertus concurrentielles du marché (« le premier ordinateur mis au service des hommes »), il importe de signaler au moins que le marché, entre production et consommation, n'est qu'une liaison imparfaite, ne serait-ce que dans la mesure où elle reste *partielle*. Soulignons ce dernier mot : *partielle*. En fait, je crois aux vertus et à l'importance d'une économie de marché, mais je ne crois pas à son règne exclusif. N'empêche que, jusqu'à des temps relativement proches de nous, les économistes ne raisonnaient qu'à partir de ses schémas et de ses leçons. Pour Turgot, la circulation, c'est bel et bien l'ensemble de la vie économique. De même, David Ricardo, beaucoup plus tard, ne voit que le fleuve étroit, mais vif, de l'économie de marché. Et si, depuis plus d'une cinquantaine d'années, les économistes, instruits par l'expérience, ne défendent plus les vertus automatiques du *laissez faire*, le mythe ne s'est pas encore effacé dans l'opinion publique et les discussions politiques d'aujourd'hui.

II

Finalement, si j'ai jeté le mot *capitalisme* dans le débat, à propos d'une époque où l'on ne lui connaît pas toujours droit de cité, c'est avant tout parce que j'avais besoin d'un mot autre que celui d'*économie de marché* pour désigner des activités qui s'avèrent différentes. Mon intention n'était certes pas d'introduire le loup dans la bergerie. Je savais bien – tant les historiens l'ont répété déjà et à bon escient – que ce mot de combat est ambigu, terriblement chargé d'actualité et, virtuellement, d'anachronisme. Si, contre toute prudence, je lui ai ouvert la porte, c'est pour de multiples raisons.

Tout d'abord, entre XVe et XVIIIe siècles, certains processus réclament une appellation particulière. Lorsqu'on les observe de près, les ranger, sans plus, dans l'économie de marché ordinaire serait presque absurde. Le mot qui vient alors spontanément à l'esprit est bien celui de *capitalisme*. Agacé, vous le chassez par la porte, il rentre presque aussitôt par la fenêtre. Car vous ne lui trouvez pas de remplaçant adéquat, et c'est symptomatique. Comme dit un économiste américain, la meilleure raison de se servir du mot *capitalisme*, si décrié qu'il soit, c'est après tout qu'on n'en a pas trouvé d'autre pour le remplacer. Sans doute a-t-il l'inconvénient de traîner après lui d'innombrables querelles et discussions. Mais ces querelles, les bonnes, les moins bonnes et les oiseuses, il est en vérité impossible de les éviter, d'agir et de discuter comme si elles n'existaient pas. Inconvénient pire, le mot est chargé des sens que lui donne la vie d'aujourd'hui.

Car *capitalisme*, dans son usage large, date du début même du XXe siècle. J'en verrais le lancement véritable, avec un peu d'arbitraire, dans la parution, en 1902, du livre bien connu de Werner Sombart, *Der moderne Kapitalismus*. Ce mot, pratiquement, Marx l'aura ignoré. Nous voilà donc, et directement, menacé du pire des péchés, celui d'anachronisme. Pas de capitalisme avant la Révolution industrielle, criait un jour un encore jeune historien : « Le capital, oui ; le capitalisme, non ! »

Pourtant, il n'y a jamais entre passé, même passé lointain, et temps présent de rupture totale, de discontinuité absolue ou, si l'on préfère, de non-contamination. Les expériences du passé ne cessent de se prolonger dans la vie présente, de la grossir. Aussi beaucoup d'historiens, et non des moindres, s'aperçoivent-ils aujourd'hui que la Révolution industrielle s'annonce longtemps avant le XVIIIe siècle. Peut-être la meilleure raison de s'en persuader est-elle le spectacle de certains pays sous-développés d'aujourd'hui qui tentent et, le modèle de la réussite soi-disant sous leurs yeux, ratent leur Révolution industrielle. Bref, cette dialectique sans fin remise en cause – passé, présent ; présent, passé – risque d'être tout simplement le cœur, la raison d'être de l'histoire elle-même.

III

Vous ne disciplinerez, vous ne définirez le mot *capitalisme*, pour le mettre au seul service de l'explication historique, que si vous l'encadrez sérieusement entre les deux mots qui le sous-tendent et lui donnent son sens : *capital* et *capitaliste*. Le *capital*, réalité tangible, masse de moyens aisément identifiables, sans fin à l'œuvre ; le *capitaliste*, l'homme qui préside ou essaie de présider à l'insertion du capital dans l'incessant processus de production à quoi les sociétés sont toutes condamnées ; le *capitalisme*, c'est, en gros (mais en gros seulement), la façon dont est conduit, pour des fins peu altruistes d'ordinaire, ce jeu constant d'insertion.

Le mot-clef, c'est le capital. Celui-ci, dans les études des économistes, a pris le sens appuyé de *bien capital* ; il ne désigne pas seulement les accumulations d'argent, mais les résultats utilisables et utilisés de tout travail antérieurement accompli : une maison est un capital ; du blé engrangé, un capital ; un navire, une route, sont des capitaux. Mais un bien capital ne mérite son nom que s'il participe au processus renouvelé de la production : l'argent d'un trésor inemployé n'est plus un capital, de même une forêt inexploitée, etc. Cela dit, est-il une seule société, à notre connaissance, qui n'ait accumulé, qui n'accumule des biens capitaux, qui ne les utilise régulièrement pour son travail et qui, par le travail, ne les reconstitue, et ne les fasse fructifier ? Le village le plus modeste d'Occident, au XVe siècle, a ses chemins, ses champs épierrés, ses terres mises en culture, ses forêts organisées, ses haies vives, ses vergers, ses roues de moulins, ses réserves de grains… Des calculs faits pour les économies d'Ancien Régime donnent, entre le produit brut d'une année de travail et la masse des biens capitaux (ce que nous appelons, en français, le *patrimoine*), un rapport de 1 à 3 ou 4, le même, en somme, que celui qu'acceptait Keynes pour l'économie des sociétés actuelles. Chaque société aurait ainsi, derrière elle, l'équivalent de trois ou quatre années de travail accumulé, mis en réserve, dont elle se servirait pour mener à bien sa production, le patrimoine n'étant d'ailleurs que partiellement mobilisé à cette fin, jamais évidemment à 100 %.

Mais laissons ces problèmes. Vous les connaissez aussi bien que moi. Je ne vous suis redevable, en fait, que d'une seule explication : comment puis-je valablement distinguer le *capitalisme* de l'*économie de marché* ? Et réciproquement ?

Bien entendu, vous ne vous attendez pas, de ma part, à une distinction péremptoire, du genre : l'eau d'un côté, l'huile au-dessus d'elle ? La réalité économique ne porte jamais sur des corps simples. Mais vous accepterez, sans trop de difficulté, qu'il puisse y avoir au moins deux formes d'économie dite de marché *(A, B)*, discernables avec un peu d'attention, ne serait-ce que par les rapports humains, économiques et sociaux qu'elles instaurent.

Dans la première catégorie *(A)*, je verserais volontiers les échanges quotidiens du marché, les trafics locaux ou à faible distance : ainsi, le blé, le bois qui s'acheminent vers la ville proche ; et même les commerces à plus large rayon, lorsqu'ils sont réguliers, prévisibles, routiniers, ouverts aux petits comme aux grands marchands : ainsi l'acheminement des grains de la Baltique à partir de Dantzig jusqu'à Amsterdam, au XVIIe siècle ; ainsi du sud vers le nord de l'Europe, le commerce de l'huile ou du vin – je pense à ces « flottes » de chariots allemands venant chercher, chaque année, le vin blanc de l'Istrie.

De ces échanges sans surprise, « transparents », dont chacun connaît à l'avance les tenants et les aboutissants, et dont on peut supputer à peu près les bénéfices toujours mesurés, le marché d'un bourg s'offre comme un bon exemple. Il réunit avant tout des producteurs – paysans, paysannes, artisans – et des clients, les uns du bourg lui-même, les autres des villages voisins. Tout au plus y a-t-il, de temps à autre, deux ou trois marchands, c'est-à-dire, entre le client et le producteur, l'intermédiaire, le troisième homme. Et ce marchand peut, à l'occasion, troubler le marché, le dominer, peser sur les prix par des manœuvres de stockage ; même un petit revendeur peut, contre les règlements, aller au devant des paysans à l'entrée du bourg, acheter à prix réduit leurs denrées et les proposer ensuite lui-même aux acheteurs : c'est une fraude élémentaire, présente autour de tous les bourgs, et plus encore de toutes les villes, capable, lorsqu'elle s'étend, de faire monter les prix. Ainsi, même dans le bourg idéal que nous imaginons, avec son commerce réglementé, loyal, transparent – « l'œil dans l'œil, la main dans la main », comme dit la langue allemande –, l'échange selon la catégorie *(B)*, fuyant la transparence et le contrôle, n'est pas absolument absent. De même, le commerce régulier qui anime les grands convois de blé de la Baltique est un commerce transparent : les courbes de prix au départ, à Dantzig, et à l'arrivée, à Amsterdam, sont synchrones et la marge de bénéfice est à la fois sûre et modérée. Mais qu'une famine se déclenche en

Méditerranée, vers 1590 par exemple, nous verrons des marchands internationaux, représentant de gros clients, détourner de leur route habituelle des vaisseaux entiers dont la cargaison, transportée à Livourne, ou à Gênes, aura triplé ou quadruplé de prix. Là aussi l'économie *(A)* peut céder le pas à l'économie *(B)*.

Dès qu'on s'élève dans la hiérarchie des échanges, c'est le second type d'économie qui prédomine et dessine sous nos yeux une « sphère de circulation » évidemment différente. Les historiens anglais ont signalé, à partir du XVe siècle, l'importance grandissante, à côté du marché public traditionnel – le *public market* –, de ce qu'ils baptisent le *private market*, le marché privé ; je dirais volontiers, pour accentuer la différence, le *contre-marché*. Ne cherche-t-il pas, en effet, à se débarrasser des règles du marché traditionnel, souvent paralysantes à l'excès ? Des marchands itinérants, ramasseurs, collecteurs de marchandises, rejoignent les producteurs chez eux. Au paysan, ils achètent directement la laine, le chanvre, les animaux sur pied, les cuirs, l'orge ou le blé, les volailles, etc. Ou, même, ils lui achètent ces produits à l'avance, la laine avant la tonte des moutons, le blé alors qu'il est en herbe. Un simple billet signé à l'auberge du village ou à la ferme même scelle le contrat. Ensuite, ils achemineront leurs achats, par voitures, bêtes de somme ou barques, vers les grandes villes ou les ports exportateurs. De tels exemples se retrouvent dans le monde entier, autour de Paris, comme autour de Londres, à Ségovie pour les laines, autour de Naples pour le blé, dans les Pouilles pour l'huile, dans l'Insulinde pour le poivre… Lorsqu'il ne se rend pas dans l'exploitation agricole elle-même, le marchand itinérant donne ses rendez-vous au bord du marché, en marge de la place où celui-ci se déroule, ou bien, le plus souvent, il tient ses assises dans une auberge : les auberges sont les relais du roulage, les officines du transport. Que ce type d'échange substitue aux conditions normales du marché collectif des transactions individuelles dont les termes varient arbitrairement selon la situation respective des intéressés, c'est ce que prouvent sans ambiguïté les procès nombreux qu'engendre en Angleterre l'interprétation des petits billets signés par les vendeurs. Il est évident qu'il s'agit d'échanges inégaux où la concurrence – loi essentielle de l'économie dite de marché – a peu de place, où le marchand dispose de deux avantages : il a rompu les relations entre le producteur et celui à qui est destiné finalement la marchandise (seul, il connaît les conditions du marché aux deux bouts de la chaîne, et donc le bénéfice escomptable), et il dispose d'argent comptant, c'est son argument principal. Ainsi, de longues chaînes marchandes se tendent entre production et consommation, et c'est assurément leur efficacité qui les a imposées, en particulier pour le ravitaillement des grandes villes, et qui a incité les autorités à fermer les yeux, pour le moins à relâcher leur contrôle.

Or, plus ces chaînes s'allongent, plus elles échappent aux règles et aux contrôles habituels, plus le processus capitaliste émerge clairement. Il émerge de façon éclatante dans le commerce au loin, le *Fernhandel*, où les historiens allemands ne sont pas les seuls à voir le superlatif de la vie d'échange. Le *Fernhandel* est, par excellence, un domaine de libre manœuvre, il opère sur des distances qui le mettent à l'abri des surveillances ordinaires ou lui permettent de les tourner ; il agira, le cas échéant, de la côte de Coromandel ou des rivages du Bengale à Amsterdam, d'Amsterdam à tel magasin de revente en Perse ou en Chine, ou au Japon. Dans cette vaste zone opérationnelle, il a la possibilité de choisir, et il choisit ce qui maximise ses profits : le commerce des Antilles ne donne plus que des profits modestes ? Qu'à cela ne tienne, au même instant le commerce d'Inde en Inde ou le commerce à la Chine garantit des bénéfices doubles. Il suffit de changer son fusil d'épaule.

De ces gros bénéfices dérivent des accumulations de capitaux considérables, d'autant plus que le commerce au loin se partage entre quelques mains seulement. N'y entre pas qui veut. Le commerce local, au contraire, se disperse entre une multitude de parties prenantes. Par exemple, au XVIe siècle, le commerce intérieur du Portugal, vu dans sa masse et dans toute sa valeur monétaire supposée, est de loin supérieur au commerce du poivre, des épices et des drogues. Mais ce commerce intérieur est souvent sous le signe du troc de la *valeur d'usage*. Le commerce des épices est dans le droit fil de l'économie monétaire. Et seuls de gros négociants le pratiquent et *concentrent* ses bénéfices anormaux entre leurs mains. Le même raisonnement vaudrait pour l'Angleterre au temps de Defoe.

Ce n'est pas par hasard si, dans tous les pays du monde, un groupe de gros négociants se détache nettement de la masse des marchands, et si ce groupe est d'une part très étroit et, d'autre part, toujours lié – entre autres activités – au commerce au loin. Le phénomène est visible en Allemagne dès le XIVe siècle, à Paris dès le XIIIe, dans les villes d'Italie dès le XIIe et peut-être plus tôt. Le *tayir*, en Islam, dès avant l'apparition des premiers négociants d'Occident, est un importateur-exportateur qui, de sa maison (déjà le commerce fixe), dirige agents et commissionnaires. Il n'a rien de commun avec le *hawanti*, le boutiquier du souk. Dans l'Inde, à Agra, encore une énorme ville, vers 1640, un voyageur note que l'on désigne sous le nom de *sogador* « celui que nous appellerions chez nous, en Espagne, un *mercader*, mais certains s'ornent du nom particulier de *katari*, titre le plus éminent entre ceux qui professent, en ces pays-là, l'art mercantile, et qui signifie marchand richissime et de grand crédit ». En Occident, le vocabulaire signale des différences analogues. Le « négociant », c'est le *katari* français ; le mot apparaît au XVIIe siècle. En Italie, la distance est énorme entre le *mercante a taglio* et le *negoziante* ; de même en Angleterre, entre le *tradesman* et le *merchant*, qui, dans les ports anglais, s'occupe avant tout d'exportation et de commerce au loin ; en Allemagne, entre les *Krämer* d'une part et, de l'autre, le *Kaufmann* ou le *Kaufherr*.

Que ces capitalistes, en Islam comme en Chrétienté, soient les amis du prince, des alliés ou des exploiteurs de l'État, est-il besoin de le dire ? Très tôt, depuis toujours, ils dépassent les limites « nationales », s'entendent avec les marchands des places étrangères. Ils ont mille moyens de fausser le jeu en leur faveur, par le maniement du crédit, par le jeu fructueux des bonnes contre les mauvaises monnaies, les bonnes monnaies d'argent et d'or allant vers les grosses transactions, vers le Capital, les mauvaises, de cuivre, vers les petits salaires et paiements quotidiens, donc vers le Travail. Ils ont la supériorité de l'information, de l'intelligence, de la culture. Et ils saisissent autour d'eux ce qui est bon à prendre – la terre, les immeubles, les rentes… Qu'ils aient à leur disposition des monopoles ou simplement la puissance nécessaire pour effacer neuf fois sur dix la concurrence, qui en douterait ? Écrivant à l'un de ses comparses de Bordeaux, un marchand hollandais lui recommandait de tenir secrets leurs projets ; autrement, ajoutait-il, « il en serait de cette affaire comme de tant d'autres où, dès qu'il y a de la concurrence il n'y a plus d'eau à boire » ! Enfin, c'est par la masse de leurs capitaux que les capitalistes sont à même de préserver leur privilège et de se réserver les grandes affaires internationales du temps. D'une part parce qu'à cette époque de transports très lents le grand commerce impose de longs délais au roulement des capitaux : il faut des mois, parfois des années, pour que les sommes investies reviennent, grossies de leurs bénéfices. D'autre part, parce que, généralement, le grand marchand n'utilise pas seulement ses capitaux : il recourt au crédit, à l'argent des autres. Enfin, les capitaux se déplacent. Dès la fin du XIVe siècle, les archives de Francesco di Marco Datini, marchand de Prato près de Florence, nous signalent les va-et-vient de lettres de change entre les villes d'Italie et les points chauds du capitalisme européen : Barcelone, Montpellier, Avignon, Paris, Londres, Bruges… Mais ce sont là des jeux aussi étrangers au commun des mortels que le sont, aujourd'hui, les délibérations ultra-secrètes de la Banque des règlements internationaux, à Bâle.

Ainsi le monde de la marchandise ou de l'échange se trouve-t-il strictement hiérarchisé, depuis les métiers les plus humbles – crocheteurs, débardeurs, colporteurs, voituriers, matelots –, jusqu'aux caissiers, boutiquiers, courtiers aux noms divers, usuriers, jusqu'aux négociants enfin. La chose à première vue surprenante, c'est que la spécialisation, la division du travail, qui ne fait que s'accentuer rapidement au fur et à mesure des progrès de l'économie de marché, affecte toute cette société marchande, *sauf à son sommet*, celui des négociants-capitalistes. Ainsi le processus de morcellement des fonctions, cette modernisation, s'est manifestée d'abord et seulement à la base : les métiers, les boutiquiers, voire les colporteurs, se spécialisent. Non pas le haut de la pyramide, car, jusqu'au XIXe siècle, le marchand de haut vol n'est, pour ainsi dire, jamais limité à une seule activité : il est marchand, bien sûr, mais jamais dans une seule branche, et il est tout aussi bien, selon les occasions, armateur, assureur, prêteur, emprunteur, financier, banquier, ou même entrepreneur industriel ou exploitant agricole. À Barcelone, au XVIIIe siècle, le boutiquier détaillant, le *botiguer*, est toujours spécialisé : il vend ou des toiles, ou des draps, ou des épices… S'enrichit-il suffisamment pour devenir, un jour, négociant, il passe aussitôt de la spécialisation à la non-spécialisation. Désormais, toute bonne affaire à sa portée sera de sa compétence.

Cette anomalie a été souvent remarquée, mais l'explication ordinaire ne peut guère nous satisfaire : le marchand, nous dit-on, divise ses activités entre divers secteurs, pour limiter ses risques : il perdra sur la cochenille, il gagnera sur les épices ; il ratera une transaction marchande, mais il gagnera en jouant sur les changes ou en prêtant de l'argent à un paysan pour se constituer une rente… Bref, il suivrait le conseil du proverbe français qui recommande de « ne pas mettre tous ses œufs dans le même panier ».

En fait, je pense :

– que le marchand ne se spécialise pas parce qu'aucune branche à sa portée n'est suffisamment nourrie pour absorber toute son activité. On croit trop souvent que le capitalisme d'hier était menu, faute de capitaux, qu'il lui a fallu longtemps accumuler pour s'épanouir. Pourtant, les correspondances marchandes ou les mémoires des chambres de commerce nous montrent assez souvent des capitaux cherchant inutilement à s'investir. Alors le capitaliste sera tenté par l'acquisition de la terre, valeur refuge, valeur sociale, mais parfois aussi de la terre exploitable de façon moderne et source de revenus substantiels, ainsi en Angleterre, en Vénétie, ailleurs. Ou bien il se laissera tenter par des spéculations immobilières urbaines. Ou encore par des incursions, prudentes mais répétées, dans le domaine de l'industrie, ainsi par les spéculations minières (XVe-XVIe siècles). Mais il est significatif que, sauf exception, il ne s'intéresse pas au système de production, et se contente, par le système du travail à domicile, du *putting out*, de contrôler la production artisanale pour mieux s'en assurer la commercialisation. En face de l'artisan et du système du *putting out*, les manufactures ne représenteront jusqu'au XIXe siècle qu'une très petite partie de la production ;

– que si le grand marchand change si souvent d'activité, c'est que le grand profit change sans cesse de secteur. Le capitalisme est d'essence conjoncturelle. Aujourd'hui encore, une de ses grandes forces est sa facilité d'adaptation et de reconversion ;

– qu'une seule spécialisation a eu, parfois, tendance à se manifester dans la vie marchande : le commerce de l'argent. Mais son succès n'a jamais été de longue durée, comme si l'édifice économique ne pouvait nourrir suffisamment cette pointe haute de l'économie. La banque florentine, un instant éclatante, s'effondre avec les Bardi et les Peruzzi au XIVe siècle ; puis avec les Médicis au XVe. À partir de 1579, les foires génoises de Plaisance deviennent le *clearing* de presque tous les paiements européens, mais l'aventure extraordinaire des banquiers génois durera moins d'un demi-siècle, jusqu'en 1621. Au XVIIe siècle, Amsterdam dominera brillamment à son tour les circuits du crédit européen, et l'expérience se soldera cette fois aussi par un échec, au siècle suivant. Il n'y aura de réussite du capitalisme financier qu'au XIXe siècle, au-delà des années 1830-1860, quand la banque saisira tout, l'industrie plus la marchandise, et que l'économie en général aura acquis assez de vigueur pour soutenir définitivement cette construction.

Je me résume : deux types d'échange ; l'un terre à terre, concurrentiel, puisque transparent ; l'autre supérieur, sophistiqué, dominant. Ce ne sont ni les mêmes mécanismes ni les mêmes agents qui régissent ces deux types d'activité, et ce n'est pas dans le premier, mais dans le second que se situe la sphère du capitalisme. Je ne nie pas qu'il puisse y avoir, rusé et cruel, un capitalisme villageois en gros sabots ; Lénine, d'après ce que m'a dit le Pr Daline, de Moscou, soutenait même qu'en pays socialiste la liberté une fois rendue à un marché de village pourrait reconstituer l'arbre entier du capitalisme. Je ne nie pas, non plus, qu'il y ait un micro capitalisme des boutiquiers ; Gerschenkron pense que le vrai capitalisme est sorti de là. Le rapport de forces, à la base du capitalisme, peut s'esquisser et se retrouver à tous les étages de la vie sociale. Mais enfin, c'est en haut de la société que le premier capitalisme se déploie, affirme sa force, se révèle à nos yeux.

Et c'est à la hauteur des Bardi, des Jacques Cœur, des Jakob Fugger, des John Law ou des Necker qu'il faut aller le chercher, qu'on a chance de le découvrir.

Si d'ordinaire on ne distingue pas capitalisme et économie de marché, c'est que l'un et l'autre ont progressé du même pas, du Moyen Âge à nos jours, et que l'on a souvent présenté le capitalisme comme le moteur ou l'épanouissement du progrès économique. En réalité, tout est porté sur le dos énorme de la vie matérielle : se gonfle-t-elle, tout va de l'avant ; l'économie de marché se gonfle elle-même rapidement à ses dépens, étend ses liaisons. Or, de cette extension, le capitalisme est toujours bénéficiaire. Je ne crois pas que Josef Schumpeter ait raison de faire de l'entrepreneur le *deus ex machina.* Je crois obstinément que c'est le mouvement d'ensemble qui est déterminant et que tout capitalisme est à la mesure, en premier lieu, des économies qui lui sont sous-jacentes.

IV

Privilège du petit nombre, le capitalisme est impensable sans la complicité active de la société. Il est forcément une réalité de l'ordre social, même une réalité de l'ordre politique, même une réalité de civilisation. Car il faut que, d'une certaine manière, la société tout entière en accepte plus ou moins consciemment les valeurs. Mais ce n'est pas toujours le cas.

Toute société dense se décompose en plusieurs « ensembles » : l'économique, le politique, le culturel, le social hiérarchique. L'économique ne se comprendra qu'en liaison avec les autres « ensembles », s'y dispersant mais aussi ouvrant ses portes aux voisins. Il y a action, interaction. Cette forme particulière et partielle de l'économique qu'est le capitalisme ne s'expliquera pleinement qu'à la lumière de ces voisinages et de ces empiètements ; il achèvera d'y prendre son vrai visage.

Ainsi l'État moderne, qui n'a pas fait le capitalisme mais en a hérité, tantôt le favorise et tantôt le défavorise ; tantôt il le laisse s'étendre, tantôt il en brise les ressorts. Le capitalisme ne triomphe que lorsqu'il s'identifie avec l'État, qu'il est l'État. Dans sa première grande phase, dans les villes-États d'Italie, à Venise, à Gênes, à Florence, c'est l'élite de l'argent qui tient le pouvoir. En Hollande, au XVIIe siècle, l'aristocratie des Régents gouverne dans l'intérêt et même selon les directives des hommes d'affaires, négociants ou bailleurs de fonds. En Angleterre, la révolution de 1688 marque pareillement un avènement des affaires à la hollandaise. La France est en retard de plus d'un siècle : c'est avec la révolution de Juillet, en 1830, que la bourgeoisie d'affaires s'installe enfin confortablement au gouvernement.

Ainsi l'État est favorable ou hostile au monde de l'argent selon son propre équilibre et sa propre force de résistance. Il en va de même de la culture et de la religion. En principe, la religion, force traditionnelle, dit *non* aux nouveautés du marché, de l'argent, de la spéculation, de l'usure. Mais il y a des accommodements avec l'Église. Celle-ci ne cesse de dire *non*, elle finit par dire *oui* aux exigences impérieuses du siècle. Pour parler bref, elle accepte un *aggiornamento*, on aurait dit hier un *modernisme*. Augustin Renaudet rappelait que saint Thomas d'Aquin (1225-1274) avait formulé le premier modernisme appelé à réussir. Mais si la religion, et donc la culture, a levé assez tôt ses obstacles, elle a maintenu une forte opposition de principe, en particulier en ce qui concerne le prêt à intérêt, condamné comme usure. On a même pu soutenir, un peu vite il est vrai, que ces scrupules n'ont été levés que par la Réforme, et que c'est la raison profonde de l'ascension capitaliste des pays du nord de l'Europe. Pour Max Weber, le capitalisme, au sens moderne du mot, aurait été ni plus ni moins une création du protestantisme ou, mieux, du puritanisme.

Tous les historiens sont opposés à cette thèse subtile, bien qu'ils n'arrivent pas à s'en débarrasser une fois pour toutes ; elle ne cesse de resurgir devant eux. Et pourtant elle est manifestement fausse. Les pays du Nord n'ont fait que prendre la place occupée longtemps et brillamment avant eux par les vieux centres capitalistes de la Méditerranée. Ils n'ont rien inventé, ni dans la technique, ni dans le maniement des affaires. Amsterdam copie Venise, comme Londres copiera Amsterdam, comme

New York copiera Londres. Ce qui est en jeu, chaque fois, c'est le déplacement du centre de gravité de l'économie mondiale, pour des raisons *économiques*, et qui ne touchent pas à la nature propre ou secrète du capitalisme. Ce glissement définitif, à l'extrême fin du XVIe siècle, de la Méditerranée aux mers du Nord est le triomphe d'un pays neuf sur un vieux pays. Et c'est aussi un vaste changement d'échelle. À la faveur de la montée nouvelle de l'Atlantique, il y a élargissement de l'économie en général, des échanges, du stock monétaire, et, là encore, c'est le progrès vif de l'économie de marché, qui, fidèle au rendez-vous d'Amsterdam, portera sur son dos les constructions amplifiées du capitalisme. Finalement, l'erreur de Max Weber me paraît dériver essentiellement, au départ, d'une exagération du rôle du capitalisme comme promoteur du monde moderne.

Mais le problème essentiel n'est pas là. Le vrai sort du capitalisme s'est joué, en effet, face aux hiérarchies sociales.

Toute société évoluée admet plusieurs hiérarchies, disons plusieurs escaliers permettant de quitter le rez-de-chaussée où végète le peuple massif de base – le *Grund-volk* de Werner Sombart : hiérarchie religieuse, hiérarchie politique, hiérarchie militaire, hiérarchies diverses de l'argent. De l'une à l'autre, selon les siècles et selon les lieux, il y a des oppositions, ou des compromis, ou des alliances ; parfois, il y a même confusion. Au XIIIe siècle, à Rome, la hiérarchie politique et la hiérarchie religieuse se confondent, mais, autour de la ville, la terre et les troupeaux créent une classe de grands seigneurs dangereux, cependant que les banquiers de la Curie – des Siennois – montent déjà très haut. À Florence, à la fin du XIVe siècle, l'ancienne noblesse féodale et la nouvelle grande bourgeoisie marchande ne font plus qu'un, dans une élite de l'argent, laquelle s'empare aussi, et logiquement, du pouvoir politique. Dans d'autres contextes sociaux, au contraire, une hiérarchie politique peut écraser les autres : c'est le cas de la Chine des Ming et des Mandchous. C'est le cas, mais de façon moins nette et continue, de la France monarchique d'Ancien Régime, qui longtemps ne laisse aux marchands, même riches, qu'un rôle sans prestige et pousse en première ligne la hiérarchie décisive de la noblesse. Dans la France de Louis XIII, le chemin de la puissance, c'est de se rapprocher du roi et de la Cour. Le premier pas de la vraie carrière de Richelieu, titulaire de l'évêché crotté de Luçon, a été de devenir l'aumônier de la reine mère, Marie de Médicis, d'arriver ainsi jusqu'à la Cour et de s'introduire dans le cercle étroit des gouvernants.

Autant de sociétés, autant de chemins pour l'ambition des individus. Autant de *types* de réussites. En Occident, bien que les succès d'individus isolés ne soient pas rares, l'histoire répète sans fin la même leçon, à savoir que les réussites individuelles doivent presque toujours s'inscrire à l'actif de familles vigilantes, attentives, acharnées à grossir peu à peu leur fortune et leur influence. Leur ambition est assortie de patience, elle s'étale dans la longue durée. Alors, faut-il chanter les gloires et les mérites des « longues » familles, des lignages ? C'est mettre en vedette, pour l'Occident, ce que nous appelons en gros, d'un terme qui s'est imposé *tardivement*, l'histoire de la *bourgeoisie*, porteuse du processus capitaliste, créatrice ou utilisatrice de la hiérarchie solide qui sera l'épine dorsale du capitalisme. Celui-ci, en effet, pour asseoir sa fortune et sa puissance, s'appuie successivement ou simultanément sur le commerce, sur l'usure, sur le commerce au loin, sur l'« office » administratif et sur la terre, valeur sûre et qui, en outre, et plus qu'on ne le pense, confère un évident prestige vis-à-vis de la société elle-même. Si vous êtes attentifs à ces longues chaînes familiales, à l'accumulation lente des patrimoines et des honneurs, le passage, en Europe, du régime féodal au régime capitaliste devient presque compréhensible. Le régime féodal, c'est, au bénéfice de familles seigneuriales, une *forme* durable du partage de la richesse foncière, cette richesse de base – soit un ordre stable dans sa texture. La « bourgeoisie », à longueur de siècles, aura parasité cette classe privilégiée, vivant près d'elle, contre elle, profitant de ses erreurs, de son luxe, de son oisiveté, de son imprévoyance, pour s'emparer de ses biens – souvent grâce à l'usure –, se glissant finalement dans ses rangs et alors s'y perdant. Mais d'autres bourgeois sont là pour remonter à l'assaut, pour recommencer la même lutte. Parasitisme en somme de longue durée : la bourgeoisie n'en finit pas de détruire la classe dominante pour s'en nourrir. Mais sa montée a été lente, patiente, l'ambition reportée sans fin sur les enfants et petits-enfants. Ainsi de suite.

Une société de ce type, dérivant d'une société féodale, féodale elle-même encore à demi, est une société où la propriété, les privilèges sociaux, sont relativement à l'abri, où les familles peuvent en jouir dans une *relative* tranquillité, la propriété étant, se voulant, sacro-sainte, où chacun reste en gros à sa place. Or il faut ces eaux sociales calmes ou relativement calmes pour que l'accumulation s'opère, pour que poussent et se maintiennent les lignages, pour que, l'économie monétaire aidant, le capitalisme enfin émerge. Il détruit, ce faisant, certains bastions de la haute société, mais pour en reconstruire d'autres à son profit, aussi solides, aussi durables.

Ces longues gestations de fortunes familiales, aboutissant un beau jour à des réussites spectaculaires, nous sont si familières, dans le passé ou dans le temps présent, qu'il nous est difficile de nous rendre compte qu'il s'agit là, en fait, d'une caractéristique essentielle des sociétés d'Occident. Nous ne l'apercevons, au vrai, qu'en nous dépaysant, en regardant le spectacle différent qu'offrent les sociétés hors de l'Europe. Dans ces sociétés-là, ce que nous appelons, ou pouvons appeler, le *capitalisme* rencontre en général des obstacles sociaux peu faciles ou impossibles à franchir. Ce sont ces obstacles qui nous mettent, par contraste, sur la voie d'une explication générale.

Nous laisserons de côté la société japonaise, où le processus est en gros le même qu'en Europe : une société féodale s'y détériore lentement, une société capitaliste finit par s'en dégager ; le Japon étant le pays où les dynasties marchandes ont eu la plus longue durée : certaines, nées au XVIIe siècle, prospèrent encore aujourd'hui. Mais les sociétés occidentale et japonaise sont les seuls exemples que puisse retenir l'histoire comparative de sociétés passant presque d'elles-mêmes de l'ordre féodal à l'ordre de l'argent. Ailleurs, les positions respectives de l'État, du privilège du rang et du privilège de l'argent sont très différentes, et c'est de ces différences que nous chercherons à tirer un enseignement.

Soit la Chine et l'Islam. En Chine, les statistiques imparfaites qui s'offrent à nous laissent l'impression que la mobilité sociale à la verticale y est plus grande qu'en Europe. Non que le nombre des privilégiés y soit relativement plus grand, mais la société y est beaucoup moins stable. La porte ouverte, la hiérarchie ouverte, c'est celle des concours des mandarins. Bien que ces concours ne soient pas toujours passés dans un contexte d'honnêteté absolue, ils sont en principe accessibles à tous les milieux sociaux, infiniment plus accessibles en tout cas que les grandes universités d'Occident, au XIXe siècle. Les examens qui ouvrent l'accès aux hautes fonctions du mandarinat sont, en fait, des redistributions des cartes du jeu social, un constant *New Deal.* Mais ceux qui parviennent ainsi au sommet n'y sont jamais qu'à titre précaire, à titre *viager* si l'on veut. Et les fortunes qu'ils amassent souvent à ces occasions servent peu à fonder ce qu'on appellerait, en Europe, une grande famille. D'ailleurs, les familles trop riches et trop puissantes sont, par principe, suspectes à l'État, qui est seul possesseur en droit de la terre, seul habilité à lever l'impôt sur le paysan, et qui surveille de très près les entreprises minières, industrielles ou marchandes. L'État chinois, malgré les complicités locales de marchands et de mandarins corrompus, a sans fin été hostile à l'épanouissement d'un capitalisme qui, chaque fois qu'il pousse à la faveur des circonstances, est finalement ramené dans l'ordre par un État en quelque sorte totalitaire (le mot étant débarrassé de son sens péjoratif actuel). Il n'y a de vrai capitalisme chinois qu'en dehors de la Chine – en Insulinde par exemple, où le marchand chinois agit et règne en toute liberté.

Dans les vastes pays d'Islam, surtout avant le XVIIIe siècle, la possession de la terre est provisoire, car, là aussi, elle appartient en droit au Prince. Les historiens diraient, dans le langage de l'Europe d'Ancien Régime, qu'il y a des *bénéfices* (c'est-à-dire des biens attribués à titre viager), non pas des *fiefs* familiaux. En d'autres termes, les seigneuries, c'est-à-dire des terres, des villages, des rentes foncières, sont distribuées par l'État, comme le faisait jadis l'État carolingien, et disponibles à nouveau chaque fois qu'en meurt le bénéficiaire. C'est pour le Prince une façon de payer et de s'assurer les services de soldats et de cavaliers. Le seigneur meurt-il, sa seigneurie et tous ses biens reviennent au Sultan d'Istanbul, ou au Grand Moghol de Delhi. Disons que ces grands princes, tant que dure leur autorité, peuvent changer de société dominante, de classe élitaire comme de chemise, et ils ne s'en privent pas. Le sommet de la société se renouvelle donc très souvent, les familles n'ont pas la possibilité de s'incruster. Une récente étude sur Le Caire au XVIIIe siècle nous signale que les grands marchands ne réussissent guère à se maintenir en place au-delà d'une seule génération. La société politique les dévore. Si, en Inde, la vie marchande est plus solide, c'est qu'elle se développe en dehors de la société instable du sommet, dans les cadres protecteurs des castes de marchands et de banquiers.

Cela dit, vous voyez mieux la thèse que je soutiens, assez simple, vraisemblable : il y a des conditions sociales à la poussée et à la réussite du capitalisme. Celui-ci exige une certaine tranquillité de l'ordre social, ainsi qu'une certaine neutralité, ou faiblesse, ou complaisance, de l'État. Et, en Occident même, il y a des degrés à cette complaisance : c'est pour des raisons largement sociales et incrustées dans son passé que la France a toujours été un pays moins favorable au capitalisme que, disons, l'Angleterre.

Je crois que cette vue ne soulève pas d'objection sérieuse. Par contre, un nouveau problème se propose de lui-même. Le capitalisme a besoin d'une hiérarchie. Mais qu'est-ce qu'une hiérarchie en soi, aux yeux d'un historien qui voit défiler devant lui des centaines et des centaines de sociétés qui *toutes* ont leurs hiérarchies ? Qui toutes aboutissent, au sommet, à une poignée de privilégiés et de responsables. Vérité d'hier, dans la Venise du XVIIIe siècle, dans l'Europe d'Ancien Régime, dans la France de M. Thiers ou dans celle de 1936 où les slogans populaires dénonçaient le pouvoir des « deux cents familles ». Mais aussi au Japon, en Chine, en Turquie, en Inde. Et vérité encore aujourd'hui ; même aux États-Unis, le capitalisme n'invente pas les hiérarchies, il les utilise, de même qu'il n'a pas inventé le marché, ou la consommation. Il est, dans la longue perspective de l'histoire, le visiteur du soir. Il arrive quand tout est déjà en place. Autrement dit, le problème en soi de la hiérarchie le dépasse, le transcende, le commande à l'avance. Et les sociétés non capitalistes n'ont pas supprimé, hélas, les hiérarchies.

Tout cela ouvre la porte à de longues discussions que j'ai, sans conclure, essayé de présenter dans mon livre. Car c'est assurément le problème clef, le problème des problèmes. Faut-il casser la hiérarchie, la dépendance d'un homme vis-à-vis d'un autre homme ? Oui, dit Jean-Paul Sartre, en 1968. Mais est-ce vraiment possible ?

CHAPITRE III

Le temps du monde

Dans mes deux chapitres précédents, les pièces du puzzle vous ont été présentées soit isolées, soit regroupées dans un ordre arbitraire, pour les besoins de l'explication. Il s'agit maintenant de reconstruire le puzzle. C'est le but du troisième et dernier volume de mon ouvrage, qui s'intitule : *Le temps du monde*. Le titre suggère, à lui seul, mon ambition : lier le capitalisme, son évolution et ses moyens, à une histoire générale du monde.

Une *histoire,* c'est-à-dire une succession chronologique de formes, d'expériences. L'*ensemble du monde,* c'est-à-dire, entre XVe et XVIIIe siècles, cette unité qui se dessine et fait sentir progressivement son poids sur la vie entière des hommes, sur toutes les sociétés, économies et civilisations du monde. Or ce monde s'affirme sous le signe de l'inégalité. L'image actuelle – pays nantis d'un côté, pays sous-développés de l'autre – est vraie déjà, *mutatis mutandis*, entre XVe et XVIIIe siècles. Certes, de Jacques Cœur à Jean Bodin, à Adam Smith et à Keynes, les pays nantis et les pays pauvres ne sont pas restés immuablement les mêmes ; la roue a tourné. Mais, dans sa loi, le monde n'a guère changé : il continue à se partager, *structurellement*, entre privilégiés et non privilégiés. Il y a une sorte de société mondiale, aussi hiérarchisée qu'une société ordinaire, et qui est comme son image agrandie, mais reconnaissable. Microcosme et macrocosme, c'est finalement la même texture. Pourquoi ? C'est ce que j'essaierai de dire, mais je ne suis pas sûr d'y parvenir. L'historien voit plus commodément les comment que les pourquoi, et mieux les conséquences que les origines des grands problèmes. Raison de plus, bien entendu, pour qu'il se passionne davantage encore pour la découverte de ces origines qui, si régulièrement, lui échappent et le narguent.

I

Une fois de plus, il y a intérêt à fixer le vocabulaire. Il nous faudra, en effet, utiliser deux expressions : *économie mondiale* et *économie-monde*, la seconde plus importante encore que la première. Par *économie mondiale* s'entend l'économie du monde pris en son entier, le « marché de tout l'univers », comme disait déjà Sismondi. Par *économie-monde*, mot que j'ai forgé à partir du mot allemand de *Weltwirtschaft*, j'entends l'économie d'une portion seulement de notre planète, dans la mesure où elle forme un tout économique. J'ai écrit, il y a longtemps, que la Méditerranée du XVIe siècle était une

Weltwirtschaft à elle seule, une économie-monde, on dirait aussi bien, en allemand : *ein Welt für sich*, un « monde en soi ».

Une économie-monde peut se définir comme une triple réalité :

– Elle occupe un espace géographique donné ; elle a donc des limites qui l'expliquent et qui varient, bien qu'avec une certaine lenteur. Il y a même forcément, de temps à autre, mais à longs intervalles, des ruptures. Ainsi à la suite des Grandes Découvertes de la fin du XVe siècle. Ainsi en 1689, quand la Russie, par la grâce de Pierre le Grand, s'ouvre à l'économie européenne. Imaginons aujourd'hui une franche, totale et définitive ouverture des économies de la Chine et de l'URSS : il y aurait alors rupture des limites de l'espace occidental, tel qu'il existe actuellement.

– Une économie-monde accepte toujours un *pôle*, un *centre*, représenté par une ville dominante, jadis un État-ville, aujourd'hui une capitale, entendez une capitale économique (aux États-Unis, New York, non pas Washington). D'ailleurs, il peut exister, de façon même prolongée, deux centres à la fois, dans une même économie-monde : Rome et Alexandrie au temps d'Auguste, d'Antoine et de Cléopâtre, Venise et Gênes au temps de la guerre de Chioggia (1378-1381), Londres et Amsterdam, au XVIIIe siècle, avant l'élimination définitive de la Hollande. Car l'un des deux centres finit toujours par être éliminé. En 1929, le centre du monde, avec un peu d'hésitation, est passé ainsi, sans ambiguïté, de Londres à New York.

– Toute économie-monde se partage en zones successives. Le cœur, c'est-à-dire la région qui s'étend autour du centre : les Provinces-Unies (mais pas toutes les Provinces-Unies), quand Amsterdam domine le monde au XVIIe siècle ; l'Angleterre (mais pas toute l'Angleterre), quand Londres, à partir des années 1780, a définitivement supplanté Amsterdam. Puis viennent des zones intermédiaires, autour du pivot central. Enfin, très larges, des marges, qui, dans la division du travail qui caractérise l'économie-monde, se trouvent subordonnées et dépendantes, plus que participantes. Dans ces zones périphériques, la vie des hommes évoque souvent le Purgatoire, ou même l'Enfer. Et la raison suffisante en est, bel et bien, leur situation géographique.

Ces remarques trop rapides appelleraient évidemment des commentaires et des justifications. Vous les trouverez dans le troisième volume de mon ouvrage, mais vous pouvez en prendre une mesure exacte dans le livre d'Immanuel Wallerstein, *The Modern World-System*, paru en 1974 aux États-Unis et publié en France sous le titre *Le Système du monde, du XVe siècle à nos jours* (Flammarion). Que je ne sois pas toujours d'accord avec l'auteur sur tel ou tel point, voire sur une ou deux lignes générales, importe peu. Nos points de vue, pour l'essentiel, sont identiques, même si, pour Immanuel Wallerstein, il n'y a d'autre économie-monde que celle de l'Europe, fondée à partir du XVIe siècle seulement, tandis que pour moi, bien avant d'avoir été connu par l'homme d'Europe dans sa totalité, dès le Moyen Âge et dès même l'Antiquité, le monde a été divisé en zones économiques plus ou moins centralisées, plus ou moins cohérentes, c'est-à-dire en *plusieurs* économies-mondes qui *coexistent*.

Ces économies coexistantes, qui n'ont entre elles que des échanges extrêmement limités, se partagent l'espace peuplé de la planète de part et d'autre d'assez vastes régions limitrophes que le commerce a, en général, peu d'avantages à traverser, à quelques exceptions près. Jusqu'à Pierre le Grand, la Russie est, en soi, une de ces économies-mondes, pour l'essentiel vivant d'elle-même et sur elle-même. L'immense Empire turc, jusqu'à la fin du XVIIIe siècle, est, lui aussi, une de ces économies-mondes. Par contre, l'Empire de Charles Quint ou de Philippe II n'en est pas une, malgré son immensité : il est inclus dès sa naissance dans le vaste filet de l'économie ancienne et vivace constituée à partir de l'Europe. Car, dès avant 1492, avant le voyage de Christophe Colomb, l'Europe, plus la Méditerranée, avec ses antennes en direction de l'Extrême-Orient, est, elle aussi, une économie-monde, centrée alors sur les gloires de Venise. Elle s'élargira avec les Grandes Découvertes, s'annexera l'Atlantique, ses îles et ses rivages, puis l'intérieur, lent à saisir, du continent américain ; elle multipliera aussi ses liens avec les économies-mondes, encore autonomes, que constituent alors l'Inde, l'Insulinde et la Chine. En même temps, en Europe même, son centre de gravité se déplacera, du sud au nord, à Anvers puis à Amsterdam, et non pas, remarquez-le, vers les centres de l'Empire hispanique ou portugais, Séville et Lisbonne.

Ainsi il est possible de placer, sur la carte et l'histoire du monde, un calque transparent où, pour chaque époque donnée, un trait de crayon délimite grossièrement les économies-mondes en place. Comme ces économies changent lentement, nous avons tout loisir pour les étudier, les voir vivre et en soupeser le poids. Lentes à se déformer, elles signalent une histoire profonde du monde. Cette histoire profonde, nous l'évoquerons seulement, car notre problème, c'est uniquement de montrer en quoi les économies-mondes successives, bâties sur l'Europe à partir de l'expansion européenne, expliquent, ou non, les jeux du capitalisme et sa propre expansion. Nous dirions volontiers à l'avance que ces économies-mondes typiques ont été les matrices du capitalisme européen, puis mondial. C'est en tout cas l'explication vers laquelle je vais m'acheminer, assez prudemment, assez lentement aussi.

II

Une histoire profonde. Nous ne la découvrons pas, nous la mettons seulement en lumière. Lucien Febvre eût dit : « Nous lui donnons sa dignité. » Et c'est beaucoup déjà. Vous vous en persuaderez si j'insiste successivement sur les changements de centre, les *décentrages* des économies-mondes, puis sur la division de toute économie-monde en zones concentriques.

Chaque fois qu'il y a décentrage, un recentrage s'opère, comme si une économie-monde ne pouvait vivre sans un centre de gravité, sans un pôle. Mais ces décentrages et recentrages sont rares, et d'autant plus importants. Dans le cas de l'Europe et des zones qu'elle s'annexe, un centrage s'est opéré vers les années 1380, au bénéfice de Venise. Vers 1500, il y a une saute brusque et gigantesque de Venise à Anvers, puis, vers 1550-1560, un retour à la Méditerranée, mais en faveur de Gênes, cette fois ; enfin, vers 1590-1610, un transfert à Amsterdam, où le centre économique de la zone européenne se stabilisera pour presque deux siècles. Entre 1780 et 1815, il se déplacera vers Londres. En 1929, il traverse l'Atlantique et se situe à New York.

À l'horloge du monde européen, l'heure fatidique aura ainsi sonné cinq fois, et, chaque fois, ces déplacements se sont réalisés au cours de luttes, de heurts, de crises économiques fortes. D'ordinaire, c'est même le mauvais temps économique qui finit d'abattre le centre ancien, déjà menacé, et confirme l'émergence du nouveau. Tout cela évidemment sans régularité mathématique : une crise insistante est une épreuve, les forts la traversent, les faibles y succombent. Le centre ne craque donc pas à chaque coup. Au contraire, les crises du XVIIe siècle ont le plus souvent tourné au bénéfice d'Amsterdam. Aujourd'hui, nous vivons, depuis quelques années, une crise mondiale qui s'annonce forte et durable. Si New York succombait à l'épreuve – ce que je ne crois pas du tout –, le monde devrait trouver ou inventer un centre nouveau ; si les États-Unis résistent, comme tout le laisse à prévoir, ils peuvent sortir plus forts de l'épreuve, car les autres économies risquent de souffrir bien plus qu'eux de la conjoncture hostile que nous traversons.

En tout cas, centrage, décentrage, recentrage, semblent liés, d'ordinaire, à des crises prolongées de l'économie générale. C'est donc au travers de ces crises qu'il faut, sans doute, aborder l'étude difficile de ces mécanismes d'ensemble par quoi l'histoire générale se retourne. Un exemple, regardé d'un peu près, nous dispensera d'un trop long commentaire. À la suite d'avatars, d'accidents politiques, en raison même de la non-consolidation du centre du monde à Anvers, la Méditerranée entière a pris sa revanche durant la seconde moitié du XVIe siècle. Le métal blanc qui, arrivant par grandes quantités des mines d'Amérique, passait jusque-là par priorité d'Espagne en Flandre par l'Atlantique, a pris, à partir de 1568, le chemin de la mer Intérieure, et Gênes en est devenu le centre redistributeur. La Méditerranée connut alors une sorte de Renaissance économique, depuis le détroit de Gibraltar jusqu'aux mers du Levant. Mais ce « siècle des Génois », comme on a appelé cette période, dure peu. La situation se détériore, et les foires génoises de Plaisance, qui avaient été, pendant presque un demi-siècle, le grand centre de *clearing* des affaires européennes, perdent leur rôle majeur dès avant 1621. La Méditerranée redevient, comme il était assez logique après les Grandes Découvertes, un espace secondaire, ce qu'elle restera longtemps par la suite.

Cette décadence de la Méditerranée, un siècle après Christophe Colomb, donc au terme d'un énorme et étonnant répit, est l'un des problèmes cruciaux soulevés par le gros livre que j'ai publié, il y a longtemps, sur l'espace méditerranéen. Quelle date assigner à ce reflux ? 1610, 1620, 1650 ? Surtout, quel processus mettre en cause ? Cette seconde question, la plus importante, a été résolue de façon brillante, et exacte à mon sens, dans un article de Richard T. Rapp (*The Journal of Economic History*, 1975). Un des plus beaux articles, dirais-je volontiers, qu'il m'ait été donné de lire depuis bien longtemps. Ce qui nous est prouvé, c'est que le monde méditerranéen, à partir des années 1570, a été harcelé, bousculé, pillé par les navires et les marchands nordiques, et que ceux-ci n'ont pas construit leur *première fortune* grâce aux Compagnies des Indes et aux aventures sur les sept mers du monde. Ils se sont rués sur les richesses en place de la mer Intérieure et les ont saisies par tous les moyens, les meilleurs et les pires. Ils ont inondé la Méditerranée de produits à bon marché, souvent de la camelote, mais imitant sciemment les textiles excellents du Sud, l'ornant même des sceaux vénitiens universellement renommés afin de la vendre sous ce *label* sur les marchés ordinaires de Venise. Du coup, l'industrie méditerranéenne perdait à la fois sa clientèle et sa réputation. Imaginez ce qui se passerait si, pendant vingt, trente ou quarante ans, des pays neufs avaient la possibilité de mettre en coupe réglée les marchés extérieurs ou même intérieurs des États-Unis en y vendant leurs produits sous l'étiquette : *made in USA*.

Bref, le triomphe des Nordiques n'aurait pas tenu à une meilleure conception des affaires ni au jeu naturel de la concurrence industrielle (bien qu'ils aient été certainement avantagés par des salaires inférieurs), ni au fait de leur passage à la Réforme. Leur politique a été simplement de prendre la place des anciens gagnants, la violence étant de la partie. Faut-il dire que cette règle demeure ? Le partage violent du monde, lors de la Première Guerre mondiale, dénoncé par Lénine, est moins nouveau qu'il ne le croyait. Et n'est-il pas encore une réalité du monde actuel ? Ceux qui sont au centre, ou près du centre, ont tous les droits sur les autres.

Et cela pose la seconde question annoncée : la partition de toute économie-monde en zones concentriques, de moins en moins favorisées à mesure que l'on s'éloigne de son pôle triomphant.

La splendeur, la richesse, le bonheur de vivre, se rassemblent au centre de l'économie-monde, en son cœur. C'est là que le soleil de l'histoire fait briller les plus vives couleurs, là que se manifestent les hauts prix, les hauts salaires, la banque, les marchandises « royales », les industries profitables, les agricultures capitalistes ; là que se situent le point de départ et le point d'arrivée des longs trafics, l'afflux des métaux précieux, des monnaies fortes et des titres de crédit. Toute une modernité économique en avance s'y loge : le voyageur le remarque qui voit Venise au XVe siècle, ou Amsterdam au XVIIe, ou Londres au XVIIIe, ou New York aujourd'hui. Les techniques de pointe sont là aussi, d'ordinaire, et la science fondamentale, les accompagnant, est avec elles. Les « libertés » s'y logent, qui ne sont pas entièrement des mythes et pas entièrement des réalités. Songez à ce que l'on a appelé la liberté de la vie à Venise, ou les libertés en Hollande, ou les libertés en Angleterre !

Ce niveau de l'existence baisse d'un ton quand on gagne les pays *intermédiaires*, ces voisins, ces concurrents, ces émules du centre. Là, peu de paysans libres, peu d'hommes libres, des échanges imparfaits, des organisations bancaires et financières incomplètes, tenues souvent du dehors, des industries relativement traditionnelles. Si belle que semble la France au XVIIIe siècle, son niveau de vie ne se compare pas à celui de l'Angleterre. John Bull, « surnourri », mangeur de viande, est chaussé de souliers ; et le Français Jacques Bonhomme, malingre, mangeur de pain, hâve, vieilli avant l'âge, marche en sabots.

Mais comme on est loin de la France lorsqu'on aborde les régions marginales ! Vers 1650, pour prendre un repère, le centre du monde, c'est la minuscule Hollande, ou mieux, Amsterdam. Les zones intermédiaires, les zones secondes, sont le reste de l'Europe très active, c'est-à-dire les pays de la Baltique, de la mer du Nord, l'Angleterre, l'Allemagne du Rhin et de l'Elbe, la France, le Portugal, l'Espagne, l'Italie au nord de Rome. Les régions marginales sont, au nord, l'Écosse, l'Irlande, la Scandinavie, toute l'Europe à l'est d'une ligne Hambourg-Venise, l'Italie au sud de Rome (Naples, la Sicile) ; enfin, au-delà de l'Atlantique, l'Amérique européanisée, marge par excellence. Si vous exceptez le Canada et les colonies anglaises d'Amérique à leurs débuts, le Nouveau Monde est, en son entier, sous le signe de l'*esclavage*. De même, la marge de l'Europe centrale, jusqu'à la Pologne et au-delà, c'est la zone du *second servage*, c'est-à-dire d'un servage qui, après avoir à peu près disparu comme en Occident, y a été rétabli au XVIe siècle.

Bref, l'économie-monde européenne, en 1650, c'est la juxtaposition, la coexistence de sociétés qui vont de la société déjà capitaliste, la hollandaise, aux sociétés serviles et esclavagistes, tout au bas de l'échelle. Cette simultanéité, ce synchronisme, reposent tous les problèmes à la fois. En fait, le capitalisme vit de cet étagement régulier : les zones externes nourrissent les zones médianes, et surtout les centrales. Et qu'est-ce que le centre, sinon la pointe dominante, la *superstructure* capitaliste de l'ensemble de la construction ? Comme il y a *réciprocité des perspectives*, si le centre dépend des approvisionnements de la périphérie, celle-ci dépend des besoins du centre qui lui dicte sa loi. C'est tout de même l'Europe occidentale qui a transféré et comme réinventé l'esclavage à l'antique dans le

cadre du Nouveau Monde, et qui, par les exigences de son économie, a « induit » le second servage dans l'Europe de l'Est. D'où le poids de l'affirmation d'Immanuel Wallerstein : le capitalisme est une création de l'inégalité du monde ; il lui faut, pour se développer, les connivences de l'économie internationale. Il est fils de l'organisation autoritaire d'un espace de toute évidence démesuré. Il n'aurait pas poussé aussi dru dans un espace économique borné. Il n'aurait peut-être pas poussé du tout sans le recours au travail ancillaire d'autrui.

Cette thèse est une autre explication que l'habituel modèle *successif* : esclavage, servage, capitalisme. Elle met en avant une simultanéité, un synchronisme trop singulier pour ne pas être de grande portée. Mais elle n'explique pas tout, elle ne peut pas tout expliquer. Ne serait-ce que sur un point que je crois essentiel pour les origines du capitalisme moderne, je veux dire ce qui se passe *au-delà* des frontières de l'économie-monde européenne.

En effet, jusqu'à la fin du XVIIIe siècle et l'apparition d'une véritable économie mondiale, l'Asie a connu de son côté des économies-mondes solidement organisées et exploitées : je pense à la Chine, au Japon, au bloc Inde-Insulinde, à l'Islam. Il est de règle de dire, et il est exact d'ailleurs de dire, que les relations entre ces économies-là et celles de l'Europe sont superficielles, qu'elles ne concernent que quelques marchandises de luxe – poivres, épices et soie en particulier – échangées contre des espèces monétaires, et que le tout compte peu au regard des masses économiques en présence. Sans doute, mais ces échanges resserrés et soi-disant superficiels sont *ceux que se réserve, de chaque côté, le grand capital*, et cela non plus n'est pas, ne peut pas, être un hasard. J'en arrive même à penser que toute économie-monde se manipule souvent du dehors. La grande histoire de l'Europe le dit avec insistance, et personne ne pense qu'elle a tort de mettre en exergue l'arrivée de Vasco de Gama à Calicut en 1498, la relâche du Hollandais Cornelius Houtman à Bantam, la grande ville de Java, en 1595, la victoire de Robert Clive à Plassey, en 1757, qui livre le Bengale à l'Angleterre. Le destin a des bottes de sept lieues. Il frappe de loin.

III

Je vous ai déjà parlé, en Europe, d'une succession d'économies-mondes à propos des centres qui les ont créées et animées tour à tour. Il est à noter que, jusque vers 1750, ces centres dominateurs ont toujours été des villes, des États-villes. Car on peut bien dire d'Amsterdam, qui domine le monde de l'économie encore au milieu du XVIIIe siècle, qu'elle a été la dernière des cités-États, des *poleis* de l'histoire. Les Provinces-Unies, derrière elle, n'exercent qu'une ombre de gouvernement. Amsterdam règne seule, phare lumineux qui se voit du monde entier, depuis la mer des Antilles comme des côtes du Japon. Au contraire, vers le milieu du siècle des Lumières, commence une ère différente. Londres, nouvelle souveraine, n'est pas un État-ville, c'est la capitale des îles Britanniques, qui lui apportent la force irrésistible d'un *marché national*.

Donc, deux phases : les créations et dominations urbaines ; les créations et dominations « nationales ». Tout cela à voir très vite, non seulement parce que vous êtes au courant de ces faits connus, non seulement parce que j'en ai déjà parlé, mais aussi parce que seul compte, à mes yeux, l'ensemble de ces faits connus, car c'est au regard de cet ensemble que le problème du capitalisme se pose et s'éclaire de façon assez neuve.

L'Europe aura successivement, jusqu'en 1750, tourné autour de villes essentielles, transformées par leur rôle même en monstres sacrés : Venise, Anvers, Gênes, Amsterdam. Toutefois, aucune ville de cet ordre-là ne domine encore la vie économique, au XIIIe siècle. Non que l'Europe ne soit pas déjà une économie-monde structurée, organisée. La Méditerranée, conquise un temps par l'Islam, s'est rouverte au Chrétien, et le commerce du Levant offre à l'Occident cette antenne lointaine et prestigieuse sans quoi il n'y a sans doute pas d'économie-monde digne de ce nom. Deux régions pilotes se sont nettement individualisées : l'Italie au sud, les Pays-Bas au nord. Et le centre de gravité de l'ensemble s'est stabilisé entre ces deux zones, à mi-chemin, dans les foires de Champagne et de Brie, ces foires qui sont des villes artificielles ajoutées à une presque grande ville – Troyes – et à trois villes secondes : Provins, Bar-sur-Aube, Lagny.

Ce serait beaucoup trop dire que ce centre de gravité se situe dans le vide, d'autant qu'il n'est pas trop éloigné de Paris, alors une grande place marchande dans tout l'éclat de la monarchie de saint Louis et du rayonnement exceptionnel de son Université. Giuseppe Toffanin, historien de l'humanisme, ne s'y est pas trompé dans son livre au titre caractéristique : *Il Secolo senza Roma*, entendez le XIIIe siècle, pendant lequel Rome a perdu, au bénéfice de Paris, sa royauté culturelle. Mais il est bien évident que l'éclat de Paris, en ce temps-là, a quelque chose à voir avec les foires bruyantes et actives de Champagne, rendez-vous international presque continu. Les draps et les toiles du Nord, des Pays-Bas au sens large – vaste nébuleuse d'ateliers familiaux qui travaillent la laine, le chanvre, le lin, des bords de la Marne au Zuyderzee –, s'échangent contre le poivre, les épices et l'argent des marchands et prêteurs italiens. Ces échanges restreints de produits de luxe suffisent cependant à mettre en branle un énorme appareil, de commerce, d'industries, de transports et de crédit, et à faire de ces foires le centre économique de l'Europe du temps.

Le déclin des foires de Champagne se marque, avec la fin du XIIIe siècle, pour des raisons diverses : la réalisation d'une liaison maritime directe entre la Méditerranée et Bruges dès 1297 – la mer l'emporte sur la terre ; la mise en valeur de la voie nord-sud des villes allemandes, par le Simplon et le Saint-Gothard ; l'industrialisation enfin des villes italiennes : elles se contentaient de teindre les draps écrus du Nord, elles les fabriquent désormais, et l'*arte della lana* à Florence prend son essor. Mais, surtout, la crise économique grave qui accompagne bientôt la tragédie de la Peste noire, au XIVe siècle, va jouer son rôle habituel : l'Italie, le partenaire le plus puissant des échanges de Champagne, sortira de l'épreuve triomphante. Elle est devenue, ou redevenue, le centre indéniable de la vie européenne. Elle va prendre à son compte tous les échanges entre Nord et Sud, et, là encore, les marchandises qui lui arrivent d'Extrême-Orient par le golfe Persique, la mer Rouge, et les caravanes du Levant lui ouvrent *a priori* tous les marchés d'Europe.

Au vrai, la primauté italienne se divisera longtemps entre quatre villes puissantes, Venise, Milan, Florence et Gênes. Ce n'est qu'après la défaite de Gênes, en 1381, que commence le long règne, pas toujours tranquille, de Venise. Il durera cependant plus d'un siècle, aussi longtemps que Venise régnera sur les places du Levant, et sera le redistributeur principal, pour l'Europe entière qui se presse chez elle, des produits recherchés de l'Extrême-Orient. Au XVIe siècle, Anvers supplante la ville de saint Marc : c'est qu'elle est devenue l'entrepôt du poivre que le Portugal importe en quantité par la voie de l'Atlantique, et, en conséquence, le port de l'Escaut est devenu un énorme centre, maître des trafics de l'Atlantique et de l'Europe du Nord. Ensuite, diverses raisons politiques qu'il serait trop long d'expliquer, et qui sont liées à la guerre des Espagnols aux Pays-Bas, donneront le poste dominant à

Gênes. La fortune de la ville de saint Georges ne se fonde pas, quant à elle, sur le commerce du Levant, mais sur celui du Nouveau Monde, sur le commerce de Séville et sur les flots de métal blanc des mines américaines, dont elle devient le redistributeur européen. Enfin, Amsterdam met tout un chacun d'accord : sa longue prépondérance – plus d'un siècle et demi –, exercée de la Baltique au Levant et aux Moluques, dépend pour l'essentiel de sa mainmise incontestée sur les marchandises du Nord d'une part et d'autre part sur les « *épices fines* », cannelle, clou de girofle, etc., dont elle a saisi assez rapidement *toutes* les sources en Extrême-Orient. Ces quasi-monopoles lui permettent de jouer à peu près partout à sa guise.

Mais laissons ces villes-empires pour arriver rapidement au gros problème des marchés nationaux et des économies nationales.

Une économie nationale, c'est un espace politique transformé par l'État, en raison des nécessités et innovations de la vie matérielle, en un espace économique *cohérent*, unifié, dont les activités peuvent se porter ensemble dans une même direction. Seule l'Angleterre aura réalisé précocement cet exploit. On parle à son sujet de révolutions : agricole, politique, financière, industrielle. Il faut ajouter à cette liste, en lui donnant le nom que l'on voudra, la révolution qui a créé son marché national. Otto Hintze, critiquant Sombart, a été l'un des premiers à souligner l'importance de cette transformation, qui tient à l'abondance relative, dans un territoire assez étroit, des moyens de transport, le cabotage maritime s'ajoutant au réseau serré des rivières et canaux et aux nombreuses voitures et bêtes de somme. Par l'intermédiaire de Londres, les provinces anglaises échangent leurs produits et les exportent, d'autant que l'espace anglais s'est libéré très tôt de ses douanes et péages intérieurs. Enfin, l'Angleterre a réalisé son union avec l'Écosse en 1707, avec l'Irlande en 1801.

L'exploit, penserez-vous, avait déjà été réalisé par les Provinces-Unies, mais leur territoire était minuscule, incapable même de nourrir sa population. Ce marché intérieur ne compte guère dans les calculs des capitalistes hollandais, entièrement tournés vers le marché extérieur. Quant à la France, elle a trouvé devant elle trop d'obstacles : son retard économique, son immensité relative, son revenu *pro capite* trop faible, ses liaisons intérieures difficiles et, pour finir, un centrage imparfait. Un pays trop vaste donc, à la mesure des transports du temps, trop divers, trop inorganisé. Edward Fox, dans un livre qui a fait beaucoup de bruit, n'a pas eu de peine à montrer qu'il y avait au moins deux Frances, l'une maritime, vivante, souple, prise de plein fouet par l'essor économique du XVIIIe siècle, mais qui est peu liée avec l'arrière-pays, tous ses regards étant tournés vers le monde extérieur, et l'autre continentale, terrienne, conservatrice, habituée aux horizons locaux, inconsciente des avantages économiques d'un capitalisme international. Et c'est cette seconde France qui a eu régulièrement dans les mains le pouvoir politique.

D'autant que le centre gouvernemental du pays, Paris, à l'intérieur des terres, n'est même pas la capitale économique de la France ; ce rôle a été tenu longtemps par Lyon, depuis l'établissement de ses foires en 1461. Un glissement s'est ébauché à la fin du XVIe siècle en faveur de Paris, mais il n'a pas eu de suite. Ce n'est qu'après 1709 et la « banqueroute » de Samuel Bernard que Paris devient le centre économique du marché français et que celui-ci, après la réorganisation de la Bourse de Paris, en 1724, commence à jouer son rôle. Mais il est tard, et le moteur, bien qu'il s'emballe à l'époque de Louis XVI, n'arrive pas à animer, à subjuguer, l'ensemble de l'espace français.

L'Angleterre a eu un destin autrement simple. Il n'y a eu qu'un centre, Londres, centre économique et politique dès le XVe siècle et qui, se formant vite, modèle en même temps le marché anglais à sa convenance, c'est-à-dire à la convenance des grands marchands du cru.

D'autre part, son insularité a aidé l'Angleterre à se séparer d'autrui, à se dégager de l'ingérence du capitalisme étranger. C'est chose faite vis-à-vis d'Anvers, grâce à Thomas Gresham, en 1558, avec la création du Stock Exchange. C'est chose faite avec les Hanséates, lors de la fermeture du Stahlhof, en 1597, et de l'abrogation des privilèges de ses anciens hôtes. C'est chose faite vis-à-vis d'Amsterdam, dès le premier Acte de navigation, en 1651. À cette époque, Amsterdam domine l'essentiel du commerce européen. Mais l'Angleterre avait vis-à-vis d'elle un moyen de pression : les voiliers hollandais ont en effet constamment besoin, étant donné le régime des vents, de relâcher dans les ports anglais. C'est sans doute ce qui explique que la Hollande ait accepté de l'Angleterre des mesures protectionnistes qu'elle n'accepta de personne d'autre. En tout cas, l'Angleterre a su protéger son marché national et son industrie naissante mieux qu'aucun autre pays d'Europe. La victoire anglaise sur la France, lente à s'affirmer, précoce à s'amorcer (à mon avis dès le traité d'Utrecht en 1713), éclate au grand jour dès 1786 (le traité d'Eden), devient triomphale en 1815.

Avec l'avènement de Londres, une page est tournée de l'histoire économique de l'Europe et du monde, car la mise en place de la prépondérance économique de l'Angleterre, prépondérance qui s'étend aussi au leadership politique, marque la fin d'une ère multiséculaire, celle des économies à conduite urbaine et non moins celle d'économies-mondes qui, malgré l'élan et les convoitises de l'Europe, auraient été incapables de tenir du dedans le reste de l'univers. Ce que réussit l'Angleterre aux dépens d'Amsterdam, ce n'est pas seulement la reprise des exploits passés, c'est leur dépassement.

Cette conquête de l'univers a été difficile, coupée d'incidents et de drames, mais la prépondérance anglaise s'est maintenue, a surmonté les obstacles. Pour la première fois, l'économie mondiale européenne, bousculant les autres, va prétendre dominer l'économie mondiale et s'identifier avec elle à travers un univers où tout obstacle s'effacera devant l'Anglais, lui d'abord, mais aussi devant l'Européen. Cela jusqu'en 1914. André Siegfried, qui, né en 1875, avait 25 ans au début de notre siècle, se rappelait avec délices, beaucoup plus tard, dans un monde hérissé de frontières, qu'il avait fait alors le tour du monde ayant en tout et pour tout, comme pièce d'identité, une carte de visite ! Miracle de la *pax britannica*, dont, évidemment, un certain nombre d'hommes payaient le prix...

IV

La Révolution industrielle anglaise, dont il nous reste à parler, a été, pour la prépondérance de l'île, un bain de jouvence, un nouveau bail avec la puissance. Mais ne craignez rien : je ne vais pas me lancer à corps perdu dans cet énorme problème d'histoire, qui, en vérité, arrive jusqu'à nous, nous assiège. L'industrie est toujours autour de nous, toujours révolutionnaire et menaçante. Rassurez-vous : je n'ai à vous exposer que les débuts de cet énorme mouvement, et je me garderai bien de me lancer dans les brillantes controverses où se jettent les historiens anglo-saxons, eux tout d'abord et les autres. D'ailleurs, mon problème est restreint : je veux marquer dans quelle mesure l'industrialisation anglaise rejoint les schémas et modèles que j'ai dessinés, et dans quelle mesure elle s'intègre à l'histoire générale du capitalisme, si riche déjà en coups de théâtre.

Précisons bien que le mot révolution est ici, comme toujours, employé à contresens. Une révolution, selon l'étymologie, c'est le mouvement d'une roue, d'un astre qui tourne, un mouvement *rapide* : dès qu'il commence, on sait qu'il est appelé à finir assez vite. Or, la Révolution industrielle a été, par excellence, un mouvement lent et, à ses débuts, peu décelable. Adam Smith lui-même a vécu au milieu des premiers signes de cette Révolution sans s'en rendre compte.

Que la Révolution ait été très lente, donc difficile, donc complexe, le temps présent ne l'explique-t-il pas ? Sous nos yeux une partie du Tiers Monde s'industrialise, mais avec une peine inouïe et d'innombrables échecs et des lenteurs qui semblent *a priori* anormales. Une fois, c'est le secteur agricole qui n'a pas suivi la modernisation ; ou la main-d'œuvre qualifiée a fait défaut ; ou la demande du marché intérieur s'est révélée insuffisante ; une autre fois, les capitalistes du cru ont préféré aux investissements locaux des placements extérieurs, plus sûrs et plus profitables ; ou l'État s'est révélé gaspilleur ou prévaricateur ; ou la technique importée est inadaptée, ou elle se paie trop cher et pèse sur les prix de revient ; ou les importations nécessaires ne se compensent pas par des exportations : le marché international, pour tel ou tel motif, s'est révélé hostile, et son hostilité a eu le dernier mot. Or tous ces avatars se produisent alors que la Révolution n'est plus à inventer, que les modèles sont à la disposition de tout le monde. Tout devrait donc *a priori* être facile. Et rien ne marche aisément.

En fait, la situation de tous ces pays ne rappelle-t-elle pas plutôt ce qui s'est passé *avant* l'expérience anglaise, c'est-à-dire l'échec de tant de révolutions anciennes, virtuellement possibles sur le plan technique ? L'Égypte ptolémaïque connaît la force de la vapeur d'eau, mais s'en amuse seulement. Le monde romain dispose d'un gros acquis technique et technologique, qui, plus d'une fois, aura traversé, sans qu'on le remarque, les siècles du haut Moyen Âge, pour revivre aux XIIe et XIIIe siècles. En ces siècles de renaissance, l'Europe augmente fantastiquement ses sources d'énergie en multipliant les moulins à eau, que Rome avait connus, et les moulins à vent : c'est déjà une Révolution industrielle. Il semble que la Chine ait découvert au XIVe siècle la fonte au coke, mais cette Révolution virtuelle n'eut aucune suite. Au XVIe siècle, tout un système de levage, de pompage, d'épuisement de l'eau s'installe dans les mines profondes, mais ces premières fabriques modernes, usines avant la lettre, après avoir séduit le capital, seront rapidement victimes de la loi des rendements décroissants. Au XVIIe siècle, l'usage du charbon de terre s'élargit en Angleterre, et John U. Nef a eu raison de parler, à ce propos, d'une première Révolution anglaise, mais une Révolution incapable de s'étendre et d'entraîner de larges bouleversements. Quant à la France, les signes d'un progrès industriel y sont nets au XVIIIe siècle, les inventions techniques se succèdent et la science fondamentale y est au moins aussi brillante qu'outre-Manche. Mais enfin, c'est en Angleterre que les pas décisifs sont franchis. Tout y aura marché de soi, comme naturellement, et c'est le problème passionnant que pose la première Révolution industrielle du monde, la plus grosse cassure de l'histoire moderne. Mais pourquoi l'Angleterre ?

Les historiens anglais ont tellement étudié ces problèmes que l'historien étranger se perd facilement au milieu de querelles qu'il comprend chacune à part, mais dont l'addition ne simplifie guère l'explication. La seule chose sûre, c'est que les explications faciles et traditionnelles ont été écartées. La tendance est, de plus en plus, de considérer la Révolution industrielle comme un phénomène d'ensemble, et un phénomène lent, qui implique par suite des origines lointaines et profondes.

Si l'on se reporte aux croissances difficiles et chaotiques dont je parlais il y a un instant, dans les zones mal développées du monde d'aujourd'hui, le plus étonnant n'est-il pas que le *boom* de la Révolution machiniste anglaise, de la première production de masse, ait pu se développer, à la fin du XVIIIe siècle et au-delà du XIXe siècle, comme une fantastique croissance nationale, *sans que, nulle part, le moteur grippe*, sans que, nulle part, se produisent de goulets d'étranglement ? Les campagnes anglaises se sont vidées de leurs hommes tout en maintenant leur capacité de production ; les nouveaux industriels ont trouvé la main-d'œuvre, qualifiée et non qualifiée, qu'il leur fallait ; le marché intérieur a continué à se développer malgré la hausse des prix ; la technique a suivi, proposant régulièrement ses services lorsqu'il en était besoin ; les marchés extérieurs se sont ouverts en chaîne, l'un après l'autre. Et même les profits décroissants, la très forte chute, par exemple, des bénéfices de l'industrie du coton après le premier *boom*, n'ont pas provoqué de crise : les énormes capitaux accumulés se sont portés ailleurs et les chemins de fer ont succédé au coton.

En somme, tous les secteurs de l'économie anglaise ont répondu aux exigences de ce soudain emballement de la production, pas de blocage, pas de pannes. Alors, n'est-ce pas *toute* l'économie nationale qui est à mettre en cause ? D'ailleurs, en Angleterre, la Révolution du coton a surgi du sol, de la vie ordinaire. Les découvertes sont le plus souvent faites par des artisans. Les industriels sont assez souvent d'humble origine. Les capitaux investis, faciles à emprunter, ont été de faible volume, au début. Ce n'est pas la richesse acquise, ce n'est pas Londres et son capitalisme marchand et financier qui ont provoqué l'étonnante mutation. Londres ne prendra le contrôle de l'industrie qu'au-delà des années 1830. Ainsi l'on voit admirablement, et sur un exemple large, que c'est la force, la vie de l'économie de marché et même de l'économie à la base, de la petite industrie novatrice et, non moins, du fonctionnement global de la production et des échanges qui portent sur leurs dos ce qui sera bientôt le capitalisme dit *industriel*. Celui-ci n'a pu grandir, prendre forme et force qu'à la mesure de l'économie sous-jacente.

Toutefois, la Révolution anglaise n'aurait certainement pas été ce qu'elle fut sans les circonstances qui firent alors de l'Angleterre, pratiquement, la maîtresse incontestée du vaste monde. La Révolution française et les guerres napoléoniennes, on le sait, y ont largement contribué. Et si le *boom* du coton s'est largement, longuement, mis en place, c'est que le moteur a été, sans cesse, relancé par l'ouverture de marchés nouveaux : l'Amérique portugaise, l'Amérique espagnole, l'Empire turc, les Indes… Le monde a été le complice efficace, sans le vouloir, de la Révolution anglaise.

De sorte que la discussion si acerbe entre ceux qui n'acceptent qu'une explication *interne* du capitalisme et de la Révolution industrielle par une transformation (sur place) des structures socio-économiques, et ceux qui ne veulent voir qu'une explication externe (au vrai, l'exploitation impérialiste du monde), cette discussion me paraît sans objet. N'exploite pas le monde qui veut. Il y faut une puissance préalable lentement mûrie. Mais il est certain que cette puissance, si elle se forme par un lent travail sur elle-même, se renforce par l'exploitation d'autrui, et, au cours de ce double processus, la distance qui la sépare des autres s'augmente. Les deux explications (interne et externe) sont donc inextricablement mêlées.

*

Me voilà arrivé au moment de conclure. Je ne suis pas sûr, chemin faisant, de vous avoir convaincus. Mais je doute plus encore de vous convaincre maintenant en vous confiant, pour achever mes explications, ce que je pense du monde et du capitalisme d'aujourd'hui, à la lumière et du monde et du capitalisme d'hier, tels que je les vois et tels que j'ai essayé de vous les décrire. Mais ne faut-il pas que l'explication historique aille jusqu'au temps présent ? Qu'elle se justifie par cette rencontre ?

Certes, le capitalisme d'aujourd'hui a changé de taille et de proportions, fantastiquement. Il s'est mis à la mesure des échanges de base et des moyens, eux aussi fantastiquement agrandis. Mais, *mutatis mutandis*, je doute que la nature du capitalisme ait changé de fond en comble.

Trois preuves viennent à mon appui :

– Le capitalisme reste fondé sur une exploitation des ressources et des possibilités internationales, autrement dit, il existe aux dimensions du monde, pour le moins il tend vers le monde entier. Sa grosse affaire présente : reconstituer cet universalisme.

– Il s'appuie toujours, obstinément, sur des monopoles de droit ou de fait, malgré les violences déchaînées à ce propos contre lui. L'*organisation*, comme l'on dit aujourd'hui, continue à tourner le *marché*. Mais on a tort de considérer que c'est là un fait vraiment nouveau.

– Plus encore, malgré ce que l'on dit d'ordinaire, le capitalisme ne recouvre pas toute l'économie, *toute* la société au travail ; il ne les enferme jamais l'une et l'autre dans un système, le sien, et qui serait parfait : la tripartition dont je vous ai parlé – vie matérielle, économie de marché, économie capitaliste (celle-ci avec d'énormes adjonctions) – conserve une étonnante valeur présente de discrimination et d'explication. Il suffit, pour s'en convaincre, de connaître du dedans quelques activités présentes, caractéristiques, situées à ces différents étages. Au rez-de-chaussée, même en Europe, où il y a encore tant d'autoconsommations, de services que la comptabilité nationale n'intègre pas, tant d'échoppes artisanales. À l'étage moyen, soit l'exemple d'un confectionneur d'habillement : il est soumis, dans sa production et l'écoulement de sa production, à la stricte et même féroce loi de la concurrence ; un moment d'inattention ou de faiblesse de sa part, et c'est la débâcle. Mais je pourrais, au dernier étage, vous citer, entre autres, deux énormes firmes que je connais, soi-disant concurrentes – et seules concurrentes sur le marché européen, l'une française, l'autre allemande. Or il leur est parfaitement indifférent que les commandes aillent à l'une ou à l'autre, car il y a fusion de leurs intérêts, quelle que soit la voie adoptée à cet effet.

Je me confirme ainsi dans mon opinion, à laquelle je me suis personnellement lentement rallié, à savoir que le capitalisme dérive par excellence des activités économiques au sommet ou qui tendent vers le sommet. En conséquence, ce capitalisme de haut vol flotte sur la double épaisseur sous-jacente de la vie matérielle et de l'économie cohérente de marché, il représente la zone du haut profit. J'ai fait ainsi de lui un *superlatif.* Vous pouvez me le reprocher, mais je ne suis pas seul de cet avis-là. Dans sa brochure, écrite en 1916, *L'Impérialisme, stade suprême du capitalisme*, Lénine affirme par deux fois : « Le capitalisme, c'est la production marchande à son plus haut degré de développement ; des dizaines de milliers de grandes entreprises sont tout, des millions de petites ne sont rien. » Mais cette vérité évidente de 1917, c'est une vieille, une très vieille vérité.

Le défaut des études des journalistes, des économistes, des sociologues, c'est trop souvent de ne pas tenir compte des dimensions et des perspectives historiques. Beaucoup d'historiens ne font-ils pas d'ailleurs la même chose, comme si la période qu'ils étudient existait en soi, était un commencement et une fin ? Lénine, qui est un esprit perspicace, écrit ainsi dans la même brochure de 1917 : « Ce qui caractérisait l'ancien capitalisme, où régnait la libre concurrence, c'était l'exportation des marchandises. Ce qui caractérise le capitalisme actuel, où règnent les monopoles, c'est l'exportation des capitaux. » Ces affirmations sont plus que discutables : le capitalisme a toujours été monopoliste, et marchandises et capitaux n'ont pas cessé de voyager simultanément, les capitaux et le crédit ayant toujours été le plus sûr moyen d'atteindre et de forcer un marché extérieur. Bien avant le XXe siècle, l'exportation des capitaux a été une réalité quotidienne, pour Florence dès le XIIIe siècle, pour Augsbourg, Anvers et Gênes au XVIe. Au XVIIIe siècle, les capitaux courent l'Europe et le monde. Tous les moyens, procédés et ruses de l'argent ne naissent pas en 1900 ou en 1914, ai-je besoin de le dire ? Le capitalisme les connaît toutes, et, hier comme aujourd'hui, sa caractéristique et sa force sont de pouvoir passer d'une ruse à une autre, d'une forme d'action à une autre, de changer dix fois ses batteries selon les circonstances de la conjoncture et, ce faisant, de rester assez fidèle, assez semblable à lui-même.

Ce que je regrette pour ma part, non en tant qu'historien, mais en tant qu'homme de mon temps, c'est que, dans le monde capitaliste comme dans le monde socialiste, on refuse de distinguer capitalisme et économie de marché. À ceux qui, en Occident, s'attaquent aux méfaits du capitalisme, les hommes politiques et les économistes répondent que c'est là un moindre mal, l'envers obligatoire de la libre entreprise et de l'économie de marché. Je n'en crois rien. À ceux qui, selon un mouvement sensible même en URSS, s'inquiètent de la lourdeur de l'économie socialiste et voudraient lui ménager plus de « spontanéité » (je traduirais : plus de liberté), la réponse est que c'est là un moindre mal, l'envers obligé de la destruction du fléau capitaliste. Je n'en crois rien non plus. Mais la société qui serait pour moi idéale est-elle possible ? Je ne pense pas en tout cas qu'elle ait beaucoup de partisans à travers le monde !

C'est sur cette affirmation générale que j'arrêterais volontiers mes explications, si je n'avais une dernière confidence d'historien à vous faire.

L'histoire est toujours à recommencer, elle est toujours se faisant, se dépassant. Son sort n'est autre que celui de toutes les sciences de l'homme. Je ne crois donc pas que les livres d'histoire que nous écrivons soient valables pour des décennies et des décennies. Il n'y a pas de livre écrit une fois pour toutes, et nous le savons tous.

Mon interprétation du capitalisme et de l'économie se fonde sur une large fréquentation d'archives et de très nombreuses lectures, mais finalement sur des chiffres pas assez nombreux, pas assez liés les uns aux autres – sur du qualitatif plus que sur du quantitatif. Les monographies qui donnent des courbes de production, des taux de profit, des taux d'épargne, qui dressent des bilans sérieux d'entreprises, ne serait-ce qu'une estimation approchée de l'usure du *capital fixe* sont *rarissimes.* J'ai cherché en vain, auprès de collègues et d'amis, des renseignements plus précis dans ces divers domaines. Mais pour de maigres succès.

Or, c'est dans cette direction, à mon sens, qu'il peut y avoir une voie de sortie hors des explications où je me suis enfermé, faute de mieux. Diviser pour mieux comprendre, diviser entre trois plans ou trois étapes, c'est mutiler, forcer la réalité économique et sociale autrement complexe. Au vrai, c'est l'ensemble qu'il faudrait saisir pour comprendre en même temps les raisons du changement des taux de croissance apparu en même temps que le machinisme. Une histoire totalisante, globalisante serait possible si, dans le domaine de l'économie du passé, nous réussissions à incorporer les méthodes modernes d'une certaine *comptabilité nationale*, d'une certaine macro-économie. Suivre le mouvement du revenu national, du revenu national *pro capite*, reconsidérer un ouvrage pionnier d'histoire, celui de René Baehrel sur la Provence des XVIIe et XVIIIe siècles, essayer d'établir des corrélations entre « budget et revenu national », essayer de mesurer l'écart, différent selon les époques, entre produit brut et produit net, selon les conseils de Simon Kuznets, dont les hypothèses à ce sujet me paraissent capitales pour une compréhension de la croissance moderne – telles sont les tâches que je proposerais volontiers à de jeunes historiens. J'ai, dans mes livres, ouvert de temps à autre une fenêtre sur ces paysages que l'on devine seulement, mais une fenêtre ne saurait suffire. Une enquête sinon collective, du moins coordonnée, serait indispensable.

Ce qui ne veut pas dire, bien entendu, que cette histoire de demain sera l'histoire économique *ne varietur*. La comptabilité économique, au mieux, c'est une étude du flux, des variations du revenu national, non pas la mesure de la masse des patrimoines, des fortunes nationales. Or cette masse, elle aussi accessible, doit être étudiée. Il y aura toujours, pour les historiens et pour toutes les autres sciences de l'homme, et pour toutes les sciences objectives, une Amérique à découvrir.

TABLE

Cet ouvrage a été mis en pages par

<pixellence>

N° d'édition : 635308-3
Dépôt légal : mars 2018
Imprimé en Espagne par Novoprint (Barcelone)
Achevé d'imprimer en février 2024